C.H.BECK WISSEN
in der Beck'schen Reihe
2000

BsR

Seit einigen Jahren ist eine „Renaissance" der Rhetorik zu verzeichnen, angefangen bei den Geisteswissenschaften bis hin zu Volkshochschulprogrammen und Kursen für Manager und Führungskräfte. Wer wissen will, was Rhetorik eigentlich ist, kommt auch heute noch um die klassische, in der Antike begründete Rhetorik nicht herum. Damals wurde die Rhetorik zum Kern eines Bildungsprogramms gemacht, das die ganze Person und sämtliche ihrer Möglichkeiten umfaßt und dessen Wirkungsgeschichte auch heute wieder überall greifbar ist. Dieses Buch erläutert deshalb die historisch-systematischen Grundlagen der Rhetorik und stellt das rhetorische System dar, alle wichtigen Kategorien der rhetorischen Produktionslehre, der Formen und Figuren sowie der rhetorischen Argumentation mit ihren Methoden und Techniken.

Gert Ueding ist Professor für Allgemeine Rhetorik an der Universität Tübingen. Zahlreiche Veröffentlichungen zu Theorie und Geschichte der Rhetorik. Ueding ist Herausgeber des auf zehn Bände angelegten Kompendiums *Historisches Wörterbuch der Rhetorik*.
Bei C.H.Beck liegen von ihm vor: *Die anderen Klassiker* (1986); *Jean Paul* (1993); *Friedrich Schiller* (1990).

Gert Ueding

KLASSISCHE RHETORIK

Verlag C. H. Beck

Für Rolf Breymann

Die Deutsche Bibliothek – CIP-Einheitsaufnahme

Ueding, Gert:
Klassische Rhetorik / Gert Ueding. – Orig.-Ausg. – München:
Beck, 1995
(Beck'sche Reihe ; 2000 : Wissen)
ISBN 3 406 39000 5
NE: GT

Originalausgabe
ISBN 3 406 3900 5

Umschlagentwurf von Uwe Göbel, München

Gesamtherstellung: Presse-Druck- und Verlags-GmbH, Augsburg
Gedruckt auf alterungsbeständigem (säurefreiem),
aus chlorfrei gebleichtem Zellstoff hergestelltem Papier
Printed in Germany

Inhalt

Vorrede 7

I. Ursprünge und Anfänge der Rhetorik 11
1. Voraussetzungen: die griechische Kultur der Rede 11
2. Funktionswandel der Politik 14

II. Die sophistische Aufklärung und die Entwicklung der Rhetorik zum Bildungssystem 18
1. Vorurteile und Mißverständnisse 18
2. Rhetorik als praktische Philosophie 20
3. Rhetorische Bildung......................... 22
4. Rhetorik-Kritik der Philosophen.............. 24

III. Aristoteles: Rhetorische Argumentation 29
1. Vorläufer: Die Alexander-Rhetorik............ 29
2. Theorie des Meinungswissens 30
3. Rhetorische Schlußverfahren und die Topik..... 33
4. Ethos, pathos und das rhetorische System 35

IV. Römische Rhetorik 38
1. Voraussetzungen 38
2. Die beiden ersten römischen Rhetoriken 39
3. Rhetorik als Verbindung von Philosophie, Ethik und praktischer Politik: Cicero 41
4. Ausbildung und Schule des Redners: Quintilian. . 46
5. Ästhetisierung der Rhetorik im Zeichen des Erhabenen: Pseudolongin 51

V. Das System der antiken Rhetorik 53
1. Voraussetzungen 53
2. Die Redegattungen.......................... 54
3. Die Produktionsstadien der Rede: inventio..... 55
4. Beweisgründe: loci a persona und loci a re 57
5. Die Produktionsstadien der Rede: dispositio ... 65
6. Die Produktionsstadien der Rede: Stil- und Figurenlehre 66

7. Das vierte Produktionsstadium: Gedächtnisleistung ... 70
8. Das fünfte Produktionsstadium: Der Vortrag ... 71
9. Die Redeteile ... 72
10. Rhetorische Wirkungsfunktionen ... 74

VI. Rhetorik zwischen den Wissenschaften ... 79
1. Funktion der Topik ... 79
2. Rhetorik und die freien Künste ... 83
3. Rhetorische Kunsttheorie und Poetik ... 85

VII. Christliche Rhetorik ... 88
1. Ursachen und Wege der christlichen Rhetorik-Rezeption ... 88
2. Grundlegung der christlichen Rhetorik durch Augustinus ... 91
3. Predigt, die neue Redegattung ... 93
4. Die Wissenschaften ... 95

VIII. Der Humanismus als Philosophie der Rhetorik ... 98
1. Studia humanitatis ... 98
2. Leitwissenschaft Rhetorik ... 101

IX. Höfische Rhetorik ... 106
1. Historische Voraussetzungen ... 106
2. Das Buch vom Hofmann ... 107
3. Formen und Funktion der höfischen Beredsamkeit 110

X. Rhetorisierung der Künste ... 113
1. Rhetorik und Poetik im 17. Jahrhundert ... 113
2. Rhetorische Kunst- und Musiktheorie ... 115

Literaturverzeichnis ... 118
Personenregister ... 121
Sachregister ... 123

Vorrede

Wer wissen will, was Rhetorik eigentlich ist, muß sich zuerst von dem populären Verständnis befreien, mit dem sie in der Gegenwart immer noch belastet ist. Man braucht sich nur beliebige Bücherverzeichnisse, Volkshochschulprogramme oder die Angebote der Weiterbildungsinstitutionen vorzunehmen und wird alsbald auf eine Fülle von Titeln stoßen, die alles, was es in der Welt des Schreibens und Sprechens zu wünschen gibt, reichlich verheißen: gut Reden, überzeugend Argumentieren, erfolgreich Verhandeln oder ertragreich Verkaufen. Es gibt Rhetorik-Lehrbücher für Manager und Führungskräfte, für Verkäufer und Kommunalbeamte, für die Schule und für die Truppe, für die innerbetriebliche Kommunikation und für die Kirche. Blickt man hinter die Kulissen der großen Versprechungen, so reduziert sich Rhetorik in allen diesen Anwendungsgebieten auf mehr oder weniger ausgearbeitete Regelsammlungen von meist einfachem Zuschnitt, wobei die einzelnen Ratschläge durchaus sinnvoll sein und – richtig beachtet – auch wirklich das Redevermögen verbessern helfen können. Dennoch haben wir es in diesen Fällen höchstens mit einer Schwundstufe der Rhetorik zu tun, im besten Falle vergleichbar mit den ebenso weitverbreiteten Büchern zur Lebenshilfe, die meist auf einem ähnlichen Niveau die Ergebnisse der Psychologie für die Alltagspraxis aufbereiten.

Sieht man sich in der Sphäre der Wissenschaften um, bietet sich ein anderes, freilich auch kompliziertes Bild. Längst hat sich die Rhetorik wissenschaftlich wieder etabliert, doch ein einheitliches Selbstverständnis wird man vergebens suchen: es geht ihr in diesem Punkte nicht anders als ihrer ältesten Konkurrentin, der Philosophie. Es gibt die *New Rhetoric*, deren Anfänge in den USA bis zum Beginn des 20. Jahrhunderts zurückreichen und die die Rhetorik als eine umfassende Kommunikations- und Diskurswissenschaft neu begründet hat. Ihr sehr nahe kommt die *Argumentationsrhetorik*, die aus der Verbindung von Logik, Dialektik und Rhetorik hervorgegangen ist und vor allem auf der Aristotelischen Argumentationslehre beruht. Die *literarische Rhetorik* kann vielleicht auf die größte Kontinuität zurückblicken, da sie als Stilistik in wenngleich reduzierter Form nie ganz vergessen worden ist; eine bedeutsame Erweiterung erfuhr sie durch Gadamers *Hermeneutik*. Eine Art *ethisch-pädagogischer* Rhetorik lebt in der Theorie des kommunikativen Handelns von Jürgen Habermas und seiner Schule fort, während sich die *Rhetorik als praktische Philosophie* in Anknüpfung an Isokrates und Aristoteles bei Oskar Negt ebenso wie bei Hermann Lübbe oder Rüdiger Bubner erneuert findet. Schließlich sei noch auf das *semiotisch-linguistische* (Roland Barthes, Umberto Eco) und auf das postmoderne Rhetorikverständnis (Paul de Man, Jacques Derrida, Jean-François Lyotard) hingewiesen, womit ich nicht einmal alle wichtigen Rhetorik-Renaissancen erwähnt habe.

Angesichts dieser unterschiedlichen, doch bereits lang andauernden Renaissancen bleibt es um so verwunderlicher, daß der Stand der Institutionalisierung der Rhetorik in Deutschland (anders als in den USA) noch weit hinter ihrer wissenschaftlichen Bedeutung und vielfältigen praktischen Anwendbarkeit zurückbleibt. Dennoch gibt es auch bei uns kaum noch eine Universität, an der nicht Rhetorik betrieben wird, sei es als literarische Rhetorik in den philologischen Fächern, im Zusammenhang mit Kommunikations- und Medienwissenschaft oder gar als selbständige Disziplin mit einem eigenen Studiengang wie in Tübingen. Sogar ins Unterrichtsprogramm der Schulen hat sie wenigstens als mehr oder weniger obligatorisches Kurs-Thema Eingang gefunden.

Aber von welcher Seite auch immer man sich um eine umfassende und gründliche Kenntnis der Rhetorik, dieser einstigen „regina artium“, bemüht, es führt kein Weg um das Studium der klassischen antiken Rhetorik herum. Von Aristoteles, Cicero und Quintilian (um nur die wichtigsten Vertreter zu nennen) ist die Rhetorik nicht nur als allgemeine Rede- und Textwissenschaft begründet worden, sie alle haben die menschliche Rede auch zum Kern eines Bildungsprogramms gemacht, das die ganze Person und sämtliche ihrer Möglichkeiten umfaßt und dessen Wirkungsgeschichte auch heute wieder überall greifbar ist.

Das antike System der Rhetorik mit seinen Methoden und Techniken ist bis heute daher Grundlage der Disziplin geblieben: in der Folgezeit konnte sich, was Differenziertheit, allgemeine Anwendbarkeit (Rhetorik des Bildes, der Präsentation, der modernen Medien) und praktische Brauchbarkeit in Analyse und Produktion betrifft, keine Konkurrenzentwicklung wirklich neben ihm behaupten, und Fächer wie Semiotik oder Kommunikationswissenschaft entpuppen sich bei näherem Zusehen als Ableitungen des breiten Stroms rhetorischer Überlieferung in schmalere Flußbetten, ihre Kategorien als Umformulierungen oder Entfaltungen geläufiger rhetorischer Terminologie. Die Beschäftigung mit der klassischen antiken Rhetorik geschieht daher nicht bloß aus historischem oder bloß wissenschaftsgeschichtlichem Interesse, sie hat unmittelbar aktuelle und praktische Bedeutung als notwendige Einführung auch in die moderne oder „Neue Rhetorik“. Die hier entworfene Skizze kann nur Hinführung und eine erste Problemdiskussion bieten – in der genuin rhetorischen Hoffnung, daß sie überzeugend genug zum weiteren Studium geraten sei.

I. Ursprünge und Anfänge der Rhetorik

1. Voraussetzungen: die griechische Kultur der Rede

Die Frühgeschichte der Rhetorik ist voller weißer Flecken, es gibt keine sichere Überlieferung, nur wenige Texte haben sich erhalten, und je weiter man zurückgeht, um so geringer und zugleich legendarischer werden die wenigen Informationen, die sich erhalten haben. Denn abgesehen von der unzureichenden, nur wenige schriftliche Zeugnisse vorweisenden Quellenlage, ist der Übergang von der praktischen Beredsamkeit, die als Naturanlage vorauszusetzen ist und von allen Menschen geübt wird, zu einer reflektierten Beredsamkeit aufgrund eines Kanons von Regeln, Exempeln und Übungen fließend. Wer bewußt redet, das heißt, sein Reden seinem Zweck möglichst wirksam anzupassen sucht, wird aus seinem Erfahrungswissen auswählen, was der jeweiligen Absicht entspricht: er redet nicht mehr naturwüchsig (*wie ihm der Schnabel gewachsen ist*), sondern geregelt, mehr oder weniger kunstvoll, selbst wenn er sich darüber keine besonderen Gedanken macht. Die Auswahl der zu einer wirkungsvollen Rede und damit zum Rede-Erfolg verhelfenden Mittel geschieht nach dem Verfahren von Versuch und Irrtum im praktischen Vollzug des Redens, wird schließlich habitualisiert, zur zweiten Natur. Die Strategien und Regeln, nach denen der bewußt Sprechende bereits virtuell verfährt, wären dann nur noch aus seiner Praxis induktiv zu erschließen.

Der Mensch als *zoon logon echon*, als das Wesen, das Sprache hat (Aristoteles), bedarf der rednerischen Verständigung, um lebensdienlich handeln, ja um überhaupt überleben zu können. Menschliche Rede ist also, wie Cicero (106–43) betont, ein immer schon vorgängiger Orientierungs- und Erfahrungsrahmen, der von der Gemeinschaft der Redenden produziert wird und auf welchen sich dann erst die methodisch vorgehende Rhetorik bezieht. „Doch es leuchtet mir ein, daß alle Regeln nicht einen solchen Einfluß haben, daß Redner durch ihre Befolgung den Ruhm der Beredsamkeit erlangt hätten, sondern daß dasjenige, was beredte Männer von selbst leisteten, von einigen beobachtet und in eine gewisse Ordnung gebracht worden und demzufolge nicht die Beredsamkeit aus der Kunst, sondern die Kunst aus der Beredsamkeit entstanden ist.“ (Cicero, Über den Redner, 1,32,146) Terminologisch unterschieden die Griechen übrigens nicht zwischen praktischer und theoretischer Rhetorik, die *techne rhetorike* bezeichnet zugleich die Rhetorik als praktische Fertigkeit und als theoretisches Vermögen. Erst die römischen Redelehrer brachten die Unterscheidung zwischen *rhetorica* als der Theorie und *oratoria* (*eloquentia*) als Praxis der Beredsamkeit.

Das einheitliche Verständnis der griechischen Theoretiker, das in den differenzierten Überlegungen des Aristoteles (384–322) zur Rhetorik als *praktikai technai,* als regelrechte, zweckgerichtete praktische Fertigkeit, und zugleich als *poietike*, als hervorbringende Kunst, gipfelt, mag noch von dem lebendigen Bewußtsein einer vorrhetorischen Epoche geprägt sein, als deren größten Vertreter auch die späteren Rhetoren wie Cicero stets Homer (8. Jhrh. v. Chr.) mit seinen großen Epen gesehen haben. „Denn nicht hätte schon in der trojanischen Zeit Homer dem Ulysses und Nestor so großes Lob in der Rede erteilt, von denen er dem einen Kraft, dem andern Anmut zuschreibt, wenn die Beredsamkeit nicht damals schon in Ehren gestanden hätte, und es hätte auch dieser Dichter selbst nicht so viel Schmuck der Rede besessen und wäre kein vollkommener Redner gewesen.“ (Cicero, Brutus, 40) Ja, Homer galt sogar als Erfinder der Redekunst, wenn natürlich auch nicht im Sinne ihrer theoretischen Konzeptualisierung.

Tatsächlich belegen die vorrhetorischen Literaturwerke, ob es sich um Epen oder Dramen handelt, die griechische Kultur der Rede durch zahlreiche Zeugnisse, und Homer charakterisiert seine Helden nicht nur nach Aussehen und Taten, sondern ausdrücklich auch als Redner, die sich in Stimme, Gedankenführung und Stileigentümlichkeiten unterscheiden, deren Wirkung auch von ihrem Charakter (z. B. Tersites) und ihrer gesellschaftlichen Stellung abhängt, nicht allein vom Inhalt dessen, was sie zu sagen haben. Sogar die Vielschichtigkeit der

Rede, die Differenz zwischen Oberflächenaussage und dahinter absichtlich verborgen gehaltenem Sinn, ein Angelpunkt der späteren sophistischen Rhetorik, zeigt Homer in den Trugreden, als deren wahrer Meister uns Odysseus entgegentritt, zu deren Mitteln aber auch Agamemnon im zweiten Gesang der Ilias greift, um sich des Kampfeswillens seiner Gefolgsleute zu vergewissern. Das Homerische Bildungsziel, „ein Redner von Worten zu sein und ein Täter von Taten" (Homer, Ilias, 9,443), weist auf die enge Korrelation von Redekunst und politischer Praxis in der späteren griechischen Rhetorik voraus.

Hier kommt noch eine weitere Rücksicht in Betracht. Das Homerische Ideal bezieht sich ganz ersichtlich auf die griechische Kultur des Agon, des Wettkampfes, bei dem die Griechen später (etwa ab dem 5. Jahrhundert) drei Arten unterschieden: den sportlichen Wettkampf, den wir heute Leichtathletik nennen und in dessen Mittelpunkt die Wettrennen standen; die Pferde- und Wagenrennen, die aber auch Bogenschießen und Lanzenwerfen vom Pferderücken aus umfaßten; schließlich der Wettstreit in Musik, Dichtkunst, Tanz und Redekunst, ebenfalls in öffentlichen Spielen zusammengefaßt.

Doch bleibt die rhetorisch-pragmatische Seite der Redekunst für Homer noch gänzlich in dem mythologischen Rahmen seines Dichtungsverständnisses eingespannt und nur von instrumenteller Bedeutung. Der Dichter als Inspirierter der Musen ist für ihn das Sprachrohr göttlichen Wissens, und die Wahrheit, die er verkündet, erhebt absoluten Anspruch, kann also nicht etwa in Beratungs- und Entscheidungsgremien zur Disposition gestellt werden. „Sagt mir nun, ihr Musen, die ihr die olympischen Häuser bewohnt, – denn ihr seid Göttinnen, seid Augenzeugen und wißt alles, wir aber hören nur die Kunde und wissen nichts –, wer die Führer und Herrscher der Danaer waren." (Homer, Ilias, 2,484 ff.) Redekunst bleibt im Rahmen eines solchen Verständnisses das Instrument einer einheitlichen Wirkungsintention, nämlich der Vermittlung und Verbürgung des wahren göttlichen Wissens, und wenn der Dichter die Menschen dadurch zugleich erfreut und bezaubert, betätigt er nichts anderes als seine Vermittler-Funktion. Erst aus einer späteren, historisch fortgeschrittenen Perspektive kann selbst diese mythologische Legitimation des Wissens als rhetorisches Beglaubigungsverfahren erscheinen und Aristoteles schreiben: „Von den Alten und den Vätern aus uralter Zeit ist in mythischer Form den Späteren überliefert, daß die Gestirne Götter sind und das Göttliche die ganze Natur umfaßt. Das übrige ist dann in sagenhafter Weise hinzugefügt zur Überredung der Menge und zur Anwendung für die Gesetze und das allgemeine Beste. Sie schreiben ihnen [den Göttern] nämlich Ähnlichkeit mit den Menschen oder mit anderen lebendigen Wesen zu und anderes dem Ähnliches und damit Zusammenhängendes." (Aristoteles, Metaphysik, 12. Kap. 8, 1074a)

2. Funktionswandel der Politik

Aristoteles' mythologiekritische Untersuchung beleuchtet einen Aspekt der vordemokratischen griechischen Herrschaft, der erst von der neuen Geschichtsschreibung thematisiert wurde. Die *Tyrannis,* die die ältere Familienherrschaft seit Ende des 7. Jahrhunderts in den griechischen Stadtstaaten zu beseitigen beginnt, bringt auch ein neues Verständnis von Politik mit sich, das Alfred Heuss als „methodisches politisches Handeln" (Heuss, Hellas, S. 146) bezeichnet und mit einem neuen Gesetzesverständnis, planvollem und sachlichem staatlichen Agieren und bewußter Sozial- und Kulturpolitik verbindet, so daß diese meist allzu einseitig und negativ betrachtete Epoche als ein „wichtiger Webstuhl" erscheinen kann, „auf dem die bereitliegenden Fäden zu dem Tuch verknüpft wurden, das später zur unentbehrlichen Ausstattung der klassischen Epoche gehörte". (Heuss, Hellas, S. 146)

Diese Sicht der Dinge erklärt auch einen Zusammenhang, der aus der späteren Perspektive der Rhetorik eher als skandalös empfunden und daher vernebelt wurde: die Entstehung der Rhetorik nach dem Ende der Tyrannis im 5. Jahrhundert und ihre personelle Kontinuität über diesen politischen Bruch hinaus. Den Vorreiter machte nämlich Sizilien, genauer Syrakus, mit seiner Tyrannenvertreibung 467. Breit und fast genußvoll malt die Überlieferung die grausamen Umstände tyrannischer Herrschaft aus, die so weit gegangen sein sollen, daß die Tyrannen ihren Untertanen sogar das Reden verboten, so daß sie sich nur noch mit den Mitteln körperlicher Beredsamkeit mitteilen konnten.

Das Detail paßt treffend zur Entstehungsgeschichte der Rhetorik, die diesen gleichsam sprachlosen Zustand auf ihre Weise beendete und an seine Stelle ihre leitenden Prinzipien der Beratung und Entscheidungsfindung durch überzeugende Argumentation setzte. Eine kleine Unstimmigkeit verweist freilich auf den Zusammenhang eines pragmatischen Politikverständnisses (wie ihn die Tyrannis als durchaus übertragbare Konzeption entwickelt hatte) mit dem Entstehen der Rhetorik aus einer neuen gemeinschaftlichen Praxisauffassung in allen gesellschaftlichen Bereichen: der erste Rhetor nach dem Sturz der sizilischen Tyrannen war nach übereinstimmender Überlieferung Korax, der freilich zuvor (und dieses Detail kennen wir nur aus wenigen, rhetorisch unbeachtet gebliebenen Zeugnissen) ein einflußreiches Amt am syrakusanischen Hofe innegehabt hatte. Nur ein überliefertes Dokument nennt als Motiv für die neuen Bestrebungen jenes Korax, daß er auf diese Weise den Einfluß, den er bei Hofe besaß und nun verloren hatte, mit anderen Mitteln wiederzugewinnen trachtete, und das waren diejenigen der überzeugenden, den *demos* leitenden Beredsamkeit.

Der Gedanke dieser Erklärung wird auch von den Ereignissen bestätigt. Denn als die alte Herrschaft beseitigt war, rief Korax seine Mitbürger zu einer Versammlung (*Ekklesia*) und hielt dort eine Rede. Was sollte ihr politischer Zweck anderes gewesen sein als die Absicht, das eben entstandene Machtvakuum durch eine neue Form politischer Herrschaft zu füllen? Doch über den Inhalt der Rede gibt es keine Nachrichten, nur daß sie bereits in klar unterschiedene Teile gegliedert war und den Redner so einflußreich und berühmt machte, daß er von diesem Zeitpunkt an die Beredsamkeit auch andere zu lehren begann, wobei sich unter seinen Schülern ein gewisser Teisias befand, der später selber als Lehrer und Verfasser des ersten rhetorischen Lehrbuches, wohl einer Sammlung von Musterreden, aufgetreten ist.

Die innerrhetorische Überlieferung sieht freilich etwas anders aus. Aristoteles erwähnt Korax nur einmal, und zwar in der *Rhetorik,* wo er als Kern von dessen rhetorischer techne den Schluß aus dem Wahrscheinlichen nennt. Cicero ist ausführlicher und formuliert auch schon den Allgemeinplatz der späteren Geschichtsschreibung. „Denn weder bei den Gründern einer Staatsverfassung noch wenn man sonst gehemmt ist und die Fesseln der königlichen Herrschaft trägt, pflegt ein Verlangen nach der Beredsamkeit zu entstehen: Begleiterin des Friedens, Genossin der Ruhe und gleichsam der Zögling eines bereits gut eingerichteten Gemeinwesens ist die Beredsamkeit. Daher sagt Aristoteles, als nach Abschaffung der Tyrannen in Sizilien Privatangelegenheiten nach langer Unterbrechung wieder bei den Gerichten angebracht wurden, es hätten damals, bei dem scharfen Blicke dieses Volkes und dem ihm von Natur innewohnenden Hange zum Streiten, die Sizilianer Korax und Teisias zuerst ein System von Regeln und Vorschriften verfaßt; denn bis dahin sei niemand gewohnt gewesen, systematisch und kunstgerecht zu sprechen, wenngleich schon viele gründlich und nach einem Konzept gesprochen hätten, und schon Protagoras habe über besonders wichtige Gegenstände Abhandlungen zuvor geordnet und niedergeschrieben, die man jetzt allgemeine Erörterungen (*loci communes,* Gemeinplätze) nennt." (Cicero, Brutus, 45 f.)

Nimmt man sämtliche Traditionsstränge zusammen, auch die hier noch nicht erwähnten wie Platons Angriff auf Teisias im *Phaidros* (273 a), so ergibt sich für die Frühgeschichte der Rhetorik, daß Korax offenbar der Begründer der politischen Rede im Sinne der Beratungsrede (*genos demegorikon* oder *symbouleutikon, genus deliberativum*) gewesen ist und auch deren Einteilung (mindestens die dreifache Gliederung in Einleitung, Erzählung und Schluß, *prooimion, diegesis* und *epilogos*) erfunden hat, daß aber ziemlich gleichzeitig die ersten Lehrbücher entstanden, die sich aus Musterreden zusammensetzten und die gerichtliche Rede betrafen. Am Anfang der rhetorischen techne steht dann also wirklich das forensische Genus, das Hauptparadigma der Rhetorik, und der Aristotelische

Bericht über Korax und Teisias entspricht den historischen Tatsachen, „wonach die Erfindung der Rhetorik mit der Errichtung der Demokratie zusammenhängt und der Anfang der forensischen Rede in Sizilien in den nach dem Ende der Tyrannis durchgeführten Eigentumsprozessen zu sehen ist." (Schöpsdau, Antike Vorstellungen von der Geschichte der Rhetorik, S. 24)

Noch ein dritter Sizilianer hat in der Gründungsgeschichte der Rhetorik eine wichtige Rolle gespielt, und wenn die typisierend-vereinfachende Überlieferung Korax zum Erfinder der politischen, Teisias der juristischen Beredsamkeit gemacht hat, so hat man ihm die Begründung der zweckfreien Lob- und Tadelrede (*genos epideiktikon, genus demonstrativum*) zugeschrieben: Gorgias von Leontinoi, ein Schüler des Teisias, den Platon später in dem gleichnamigen rhetorik-kritischen Dialog zu dem Modellgegner des Sokrates gemacht und damit sein historisches Bild bis zur Unkenntlichkeit verzerrt hat. An der Spitze einer Gesandtschaft kam Gorgias (480–380) im Jahre 427 nach Athen, wo vor inzwischen mehr als dreißig Jahren (461) im Zuge der Demokratisierung neue Entscheidungs- und Beratungsinstitutionen entstanden waren, die rhetorische Kunst geradezu forderten. Er beeindruckte die Athener durch seine glänzende Redefertigkeit, betrat aber bereits rhetorisch bestellten Boden. Thrasymachos, der zuerst die syntaktische Periodisierung und den Prosarhythmus zu einer techne ausgebildet und die rhetorische Affektenlehre begründet haben soll, hatte die Athener schon die Vorzüge und Bestandteile der Redekunst gelehrt. Beide, Gorgias wie Thrasymachos, waren Sophisten, Angehörige jener philosophisch-rhetorischen Schule, die durch Platons sokratische Feldzüge so nachhaltig diffamiert wurde, daß die Rehabilitierungsbemühungen der neueren Kulturgeschichtsschreibung bis heute wenig gefruchtet haben. Mit Sophist meint man immer noch einen Trugredner und Täuschungsspezialisten, einen Meister der Manipulation und lügnerischen Propaganda – nicht nur eine Karikatur, sondern eine Verdrehung der geschichtlichen Tatsachen, die in Wahrheit das Prädikat verdiente, das Platon der mit ihm konkurrierenden Schule so nachhaltig aufgedrückt hat.

II. Die sophistische Aufklärung und die Entwicklung der Rhetorik zum Bildungssystem

1. Vorurteile und Mißverständnisse

Über die Sophistik sind wir im wesentlichen nur aus den Schriften ihres erbittertsten Gegners, nämlich Platons (427–347), unterrichtet – stellt man sich vor, wir kennten Heidegger nur aus den Büchern orthodoxer Marxisten, so haben wir einen Maßstab für die Bewertung der Platonischen Zeugnisse, wie sie vor allem die Dialoge *Gorgias, Protagoras, Sophistes* und *Phaidros* überliefern. Das in ihnen namens Sokrates gezeichnete Zerrbild der Sophistik kann man freilich nur teilweise dadurch richtigstellen, daß man es als eine Art Negativ nimmt, aus dem sich das Positiv durch Umkehrung ergibt. Zu speziell sind Platons Interessen, die sophistische Lehre als bloß formal-rhetorische Artistik, ihre Erziehungsvorstellungen als relativistisch, ihre politischen und ethisch-religiösen Vorstellungen als bloße Gesundbeterei zu erweisen, als daß wir von ihm durch einfache Richtungsänderung auch brauchbare Informationen über diese so mächtige geistige Bewegung erhalten könnten. Es war Georg Wilhelm Friedrich Hegel (1770–1831), der als erster entschieden gefordert hat, alle die schlimmen Vorurteile „auf die Seite zu stellen und zu vergessen" (Hegel, Vorlesungen über die Geschichte der Philosophie, S. 409), bevor man sich mit der Sophistik beschäftigt.

Die Sophisten verstanden sich als Lehrer der Weisheit, durch sie erreichte die griechische Bildung jenen hohen Stand, von dem wir noch heute leben. Sie zogen von Polis zu Polis und unterrichteten ihre Schüler in den Wissenschaften und Künsten, machten sie zu selbstverantwortlichen Individuen und handlungsfähigen Staatsbürgern, die sich durch Analyse und Reflexion ihrer Entscheidungsgründe vergewisserten. Geleitet von dem Bewußtsein, daß Praxis und Politik Felder rationaler Gestaltung sind, lehrten sie die Mittel erfolgreichen zweckbestimmten Handelns, und diese Mittel waren in erster Linie rhetorische Strategien. „So sind die Sophisten besonders Lehrer der Beredsamkeit gewesen. Das ist die Seite, wo das Individuum sich sowohl geltend machen konnte unter dem Volke als das ausführen, was das Beste des Volkes sei; dazu war die Beredsamkeit eines der ersten Erfordernisse. Dazu gehörte demokratische Verfassung, wo die Bürger die letzte Entscheidung hatten. Die Beredsamkeit führt die Umstände auf die Mächte, Gesetze zurück. Zur Beredsamkeit gehört aber besonders das: an einer Sache die vielfachen Gesichtspunkte herauszuheben und die geltend zu machen, die mit dem im Zusammenhang sind, was mir als das Nützlichste erscheint. Solche konkrete Fälle haben viele Seiten; diese unterschiedenen Gesichtspunkte aber zu fassen, dazu gehört ein gebildeter Mann; und das ist die Beredsamkeit, diese hervorzuheben, die anderen dagegen in den Schatten zu stellen." (Hegel, Vorlesungen über die Geschichte der Philosophie, S. 412)

Wenn die Sophisten in der Kunst, gut zu sprechen, Höhepunkt und Ausweis menschlicher Bildung erblickten, meinten sie keine bloß formale Sprachbeherrschung, sondern Sprachdenken und Sprachhandeln zugleich. Ihnen ist das niemals mehr ganz verlorengegangene Bewußtsein zu verdanken, daß die Sprache das wichtigste Organon der menschlichen Handlungsorientierung und Weltbewältigung ist und die schon immer eine vorgängige Auslegung der Wirklichkeit enthält, indem sie nennt und benennt, erkennt und wiedererkennt und den Menschen zur differenzierten Mitteilung des Erkannten fähig macht. Für ihn gibt es damit gar keinen Weg, der aus dem Universum der Sprache hinausführte, keine Wahrheit jenseits ihrer.

Rednerische Kompetenz wurde somit gleichbedeutend mit Bildung und bedeutete damit alles andere als eine bloß „formale Kunst", die „im Dienste des Unrechtes so gut wie im Dienste des Rechtes, im Dienste der Wahrheit so gut wie im Dienste der Lüge, im Dienste der guten so gut wie im Dienste der schlechten Sache" stehen kann. (Gomperz, Sophistik und Rhetorik, S. 41) Denn die Bewertung, daß dies Recht und jenes Unrecht sei, kann ja nicht als Maßstab vorausgesetzt, sondern muß jeweils neu gefunden werden. Die Reisetätigkeit der Sophisten brachte sie in Kontakt mit ganz divergierenden Moralvorstellungen und Rechtssystemen. Was in der einen Polis verboten war, erlaubte die andere, was hier als wünschenswert galt, fand man dort abstoßend. Diese gleichsam ethnologische Sicht auf die Regeln und Übereinkünfte des Zusammenlebens, auf Sitten und Gebräuche führte zur Relativierung absoluter Geltungsansprüche.

2. Rhetorik als praktische Philosophie

Wir treffen hier auf die Prinzipien einer frühen Aufklärung. Logos trat an die Stelle des Mythos, Vernunft an die der Tradition, und jeder Gegenstand, jede Erscheinung des individuellen und sozialen Lebens hatte sich der kritischen Reflexion zu unterwerfen. Insofern gibt der Protagoreische Grundsatz, daß über jedes Thema zwei gegensätzliche Reden möglich sind, die beide Anspruch auf Wahrheit erheben, die Quintessenz einer neuen Erfahrung der Realität wieder und empfiehlt zugleich ein Verfahren, mit dieser aporetischen Situation umzugehen: indem nämlich über die Unterschiede so gegensätzlich geredet wird, wie sie erscheinen, sie also als konkurrierende Meinungen behandelt werden, die sich in Rede und Gegenrede zu bewähren haben und über welche schließlich in der Praxis entschieden wird.

Womit ein zweiter Satz des Anstoßes berührt ist, den man Protagoras (um 480 – um 415) zuschreibt: die Ankündigung nämlich, die schwächere Seite zur stärkeren machen zu können und diese Fertigkeit auch seine Schüler lehren zu wollen. Denn in der Tat kann diese Bewährung in Rede und Handlung nur dann erreicht werden, wenn nicht schon eine Hierarchie der Meinungen vorausgesetzt ist, deren Ordnung außerhalb der Rede garantiert wäre und diese nur noch als nachträgliche Bestätigung, allenfalls Vermittlung braucht. Die schwächere Seite zur stärkeren machen können, bedeutet also zunächst nichts weiter als sie aus einer Vorurteils-Fixierung lösen und der vernünftigen dialektischen Erörterung zugänglich machen können, in deren Verlauf sich herausstellen mag, ob sie wirklich die schwächere ist.

Im „homo-mensura-Satz" des Protagoras kann man schließlich die wichtigsten Prinzipien der praktischen Philosophie der Sophisten (denn dazu haben sie die Rhetorik ausgearbeitet) sentenzenhaft zusammengefaßt finden. Die Überzeugung, „der Mensch sei der Maßstab aller Dinge, der Seienden, daß sie sind, der Nichtseienden, daß sie nicht sind" (Protagoras, fr. 1), wurde schon in der Antike höchst einseitig anti-protagoreisch interpretiert. Nicht nur von Platon, sondern auch von Aristoteles: „Ferner, wenn sämtliche einander widersprechende Behauptungen von ein und derselben Sache wahr sind, dann ist es klar, daß alle Dinge ein und dasselbe sind. Denn dann ist ein und dasselbe ein Kriegsschiff, eine Mauer und ein Mensch [...]". (Aristoteles, Metaphysik, 1007b 18f) Doch eben nicht eine krasse solipsistische Lehre vertrat Protagoras, daß also nur das subjektive Bewußtsein mit seinem Inhalt das einzig Seiende sei, sondern eine Theorie der perspektivischen Wahrheit und der Erkenntnis dessen, was wahrscheinlich ist. Denn *anthropos, der Mensch,* kann Individuum und Gattung meinen und das *os* des Urtextes sowohl *daß* als auch *wie* bedeuten. Derart vieldeutig schillert der berühmte Satz, meint einerseits, daß es keine vom eigenen Standpunkt unabhängige Erkenntnis geben kann, so daß das Wie, die Erscheinung eines Existierenden, immer dem Maßstab des erkennenden Subjekts angemessen ist, also Erkenntnis und Interesse untrennbar zusammengehören; zum anderen bedeutet er eine anthropologische Begründung der Erkenntnis, die dann auch vor den Göttern nicht haltmacht und eine wenn auch noch vorsichtige Religionskritik einleitet.

Nimmt man alles zusammen, so haben die Sophisten die Rhetorik, die sie in Form von Beispiel- und Regelsammlungen vorfanden, zu einer umfassenden praktischen Lebensphilosophie entfaltet. Nicht was die Dinge sind, sondern wie sie erscheinen, ist das antimetaphysische Prinzip, aus dem sie die Welt erklärt haben, weil sie von den politischen Entscheidungsprozessen und den Bedingungen des Handelns überhaupt ihren Ausgang nahmen: da sich diese Bedingungen niemals im Sinne eines Wahrwissens bestimmen lassen, immer nur das Wahrscheinliche, nie das unumstößlich Wahre sich erreichen läßt, bedarf es eines anderen Prinzips der Welterklärung und Handlungsorientierung, als es die Philosophie zu bieten hatte. Sie fanden es in dem rhetorischen Grundsatz der gemeinsamen und freien Beratung, der rhetorischen Auseinandersetzung, Konsensbildung und kollektiven (topischen) Überzeugungen.

3. Rhetorische Bildung

Das nächste Erfordernis lag auf der Hand, nämlich eine Bildung des Menschen, die ihn im rhetorischen Sinne lebens- und entscheidungstüchtig zu machen vermochte; ihm also ein Wissen auf allen Gebieten zu vermitteln, das in der Polis-Praxis zum Erfolg, zum Entscheiden und Handeln benötigt wird, das weder spezialistisch noch abstrakt sein durfte, weil es in Handlungssituationen überzeugungskräftig, im Streit der Meinungen glaubwürdig sein mußte. Darüber hinaus eine Methodik, die sowohl zur Analyse praktischer Gegebenheiten wie auch zum erfolgversprechenden Präsentieren der Sachen tauglich war und sich auf dieselben Prinzipien stützen mußte, aus denen heraus Meinungen überzeugungstüchtig werden: auf die allgemein in einer Polis-Gemeinschaft für richtig erachteten Grundsätze.

Auf diesen gedanklichen Grundlagen beruhte der rhetorische Unterricht der Sophisten: die Vermittlung der Fülle der Wissensgegenstände und der Worte, die Übung in den gegensätzlichen meinungshaften Perspektiven auf die Probleme und Sachen, die systematisch geprobten Kontroversreden und dialektischen Beratungssituationen und schließlich die kritische Methode, jede Situation, jedes Problem auf die Interessen zurückzuführen, welche die Menschen in ihrer Lebenswelt praktisch bewegen. Isokrates (436–338 v. Chr.), der sich selber als Erzieher der Griechen verstand und der wohl der erfolgreichste Redner und Redelehrer seiner Zeit war, zudem der schärfste und seinem Rang nächste Konkurrent Platons, dessen Wirkungsgeschichte die seine so verdeckt hat, daß nur ein kleiner Teil seines Werkes die Zeiten überdauert hat – diesem großen

Propagandisten einer politischen Einheit Griechenlands kam auch die führende Rolle bei der Entfaltung der Rhetorik zur rhetorischen Philosophie zu, die er polemisch gegen die praxisfremde Schulphilosophie abgrenzte. „In der isokratischen Art und ihrem Bildungsziel, dem des durch Sprachkultur gebändigten, ‚gebildeten' Menschen, des papaideumenos, kann der Mensch in dem Maße, wie er sich und seine Rede beherrscht, sich vollkommen verwirklichen, so daß seine vollkommene Rede-Erscheinung gleichsam als Offenbarung des logos und als Selbstzweck erscheint, die ihr Redeziel dadurch, daß sie die Zuhörer vollkommen in ihren Bann zieht, gewissermaßen als notwendige Begleiterscheinung erreicht." (Rahn, Bemerkungen zur philosophischen Rhetorik in der Antike, S. 16)

Immerhin ist dieses Bildungsprogramm nicht folgenlos geblieben und hat in der umfassenden römischen Konzeption der eloquentia, des vollkommen rednerisch geprägten Bildungsideals, seine größte Wirksamkeit entfaltet. „Dadurch, daß uns die Macht gegeben ist, uns gegenseitig zu überzeugen und uns die Gegenstände, über die wir entscheiden, deutlich vor Augen zu stellen, haben wir uns nicht nur vom Naturzustand gelöst, sondern wir haben uns auch zusammengeschlossen, um Städte zu bauen, wir haben Gesetze aufgestellt und verschiedene Künste entdeckt." (Isokrates, Nikokles, 7) In Ciceros wichtigster rhetorischer Schrift *De oratore* (*Über den Redner*) werden wir diesem Gedanken wieder begegnen. „Das passende Wort ist das sicherste Zeichen für das richtige Denken" (Isokrates, Nikokles, 7), fügte Isokrates hinzu und legte somit auch den Grundstein für die sozialethische Funktion der Beredsamkeit, die in der römischen Lehre vom *decorum* (was mit *schicklich* übersetzt nur annähernd den umfassenden moralischen Anspruch des Terminus trifft) gipfeln sollte.

Diese nicht nur theoretische, sondern in der Institution der Erziehung durch die sophistischen Lehrer auch praktische Okkupation menschlicher Bildung durch die Rhetorik mußte die andere Bildungsmacht der antiken griechischen Gesellschaft, die Philosophie, auf den Plan rufen, insbesondere da diese Konkurrenz auch handfeste ökonomische Folgen hatte, wie schon

Friedrich Nietzsche (1844–1900) nüchtern konstatierte: zuletzt ging es dabei um einen Kampf um die Schüler, der Klientel also, die für den erhaltenen Unterricht auch zu zahlen hatte und auf diese Weise den Lebensunterhalt ihrer Lehrer garantierte – ob es sich dabei um Philosophen im überlieferten Sinne (Metaphysiker, Dialektiker, Mythologen) oder um Rhetoren handelte, die sich als eine Art „Neue Philosophen" verstanden.

4. Rhetorik-Kritik der Philosophen

Stellte die Sophistik eine „intellektuelle Emanzipationsbewegung" (Rahn, Bemerkungen zur philosophischen Rhetorik, S. 15) im Rahmen der neuen demokratischen Institutionen Griechenlands dar, so entwickelte sich die philosophische Reaktion auf sie im Kontext von politischen Bestrebungen, die sich das Heil der Polis nur in einer Überwindung der sophistischen Aufklärung vorstellen konnten, in der Rückkehr zu Mythos und Religion, zu überliefertem Recht und überlieferter Sitte, zum unabänderlichen Maßstab für menschliches Denken und Handeln, der in einer transzendenten, dem Zugriff der Meinungen entzogenen, sie vielmehr richtenden Wahrheit verankert sein sollte.

Platon war der Motor und Vollender dieser philosophischen Reaktion auf den Totalitätsanspruch der Rhetorik, doch auch in seiner Auseinandersetzung mit ihr darf man das Motiv der ökonomischen Konkurrenz nicht außer acht lassen. Aber es kamen noch zwei Dinge hinzu. Das eine betrifft die Entwicklung der sophistischen Rhetorik zu einer flachen, bloß instrumentellen, insonderheit der politischen Manipulation dienenden Lehre – „Aufkläricht" hat Lessing, Depravierungserscheinungen seiner eigenen Zeit im Auge, solche Karikatur einmal genannt. Das andere aber ist schwerwiegender und betrifft einen Kernpunkt der rhetorischen Philosophie der Sophisten, eine Inkonsequenz eigentlich. Das Paradebeispiel für die spätere Philosophiegeschichtsschreibung lieferte Gorgias. „Ein großer Fürst ist die Rede", trumpft er in seinem Lobpreis der Helena auf, „der, von kleinem und unscheinbarem Äußern, göttliche

Taten verrichtet; denn sie vermag Furcht zu beschwichtigen und Trauer zu beseitigen, Freude einzuflößen und Rührung zu vermehren." (Gomperz, Sophistik und Rhetorik, S. 4) Gorgias, fast berauscht von der Gewalt der Rede, ist nicht müde geworden, die rhetorische Allmacht zu demonstrieren, das war spielerisch und zu Schulzwecken gemeint („der Helena ein Lob, mir aber ein Spiel", nennt er seine berühmte Rede, in der er Helena von allen Vorwürfen reinigt). Daher wählte er Themen von besonders schwierigem *Vertretbarkeitsgrad,* wie die Rhetorik Fälle nennt, die dem Richter oder Publikum nur mühevoll zu vermitteln sind. Neben der Helena also die Verteidigung eines überführten Verräters (Palamedes) oder den Beweis des paradoxen Satzes: „erstens: es gibt nichts; zweitens: wenn es auch etwas gäbe, wäre es doch für den Menschen unerkennbar; drittens: wenn es auch erkennbar wäre, wäre es doch unserem Mitmenschen nicht mitteilbar und nicht verständlich zu machen." (Sextus Empiricus, fr. 3) Eine Rede, auf die man den nihilistischen Kern der sophistischen Lehren glaubte zurückführen zu können und die doch nur eine Musterdeklamation über ein paradoxes und daher schwer vertretbares Thema darstellt. Weshalb Ernst Bloch (1885–1977) von einem „frivolen Nihilismus", „von einem ungeheuren jungenhaften Übermut" (Bloch, Leipziger Vorlesungen, Bd. I, S. 105) spricht, der diese Rede präge.

Es ist höchst beeindruckend, wie das Selbstbewußtsein, alles zu können, alles möglich und plausibel zu machen, noch aus den abstrusesten Diskussionen der Sophisten spricht; allein die prinzipielle Annahme, die dahintersteht, bringt eine methodische Schwierigkeit für die rhetorische Ausbildung. Wenn die überzeugende Rede „der Seele aufprägt, was sie will", und diejenigen, die sie überredet, zwingt, „den Worten zu glauben und den Taten zuzustimmen" (Gorgias, Helena, 82 B 11), setzt sie das Prinzip außer Kraft, mit dessen Hilfe sie in Gesellschaft und Staat recht zu leben und zu handeln lehren will: nämlich das der Beratung und Vermittlung widerstreitender Meinungen. Denn wie läßt sich dieses allgemeine rhetorische Bildungsziel mit dem konkreten Erfolgsversprechen des Rhetors vereinbaren, die Mittel lehren zu können, die, richtig angewandt, Zustimmung erzwingen? So daß es zu jener Beratung gar nicht mehr kommen kann und diejenige Meinung zwangsläufig den Sieg erringt, die mit allen erdenklichen Mitteln rhetorischer Kunst vorgetragen wurde?

Angesichts dieses Dilemmas überschreitet die Sophistik die eigenen Voraussetzungen, indem sie einen Maßstab einführt, der die Sphäre des Meinungswissens transzendiert und den Ausschlag geben soll in dem sonst ewig unentschieden bleibenden Kampf entgegengesetzter, doch gleichermaßen überzeugungskräftig vorgetragener Meinungen: die Unterscheidung von subjektiver Geltung und objektiver Nützlichkeit. Der sophistische Redner erhebt zusätzlich einen die Sphäre des Wahrscheinlichen überschreitenden Anspruch, nämlich das Wissen des Nützlichen zu besitzen und durch seine Rede die Staaten davon überzeugen zu können, „daß anstatt des bisherigen Verderblichen ihnen nun Heilsames so erscheint und ist." (Platon, Theaitet, 167c) Womit der aufklärerisch-sophistische Grundsatz preisgegeben ist, daß es kein dem Widerstreit der Meinungen entzogenes, vorgängiges Wissen gibt, keinen Monopolanspruch auf Wahrheit (und sei es die des Nützlichen und Heilsamen), sondern nur die Verfügung über das Wahrscheinliche.

An diesem Selbstwiderspruch konnten die Philosophen, konnte vor allem Platon ansetzen, indem sie auch das Nützliche als bloß Wahrscheinliches, subjektiv Gesetztes erwiesen, weil aus der Redekunst selber kein Prinzip der Unterscheidung zwischen Heilsamem und Verderblichem, Nützlichem und Schädlichem zu begründen ist, es dafür vielmehr eines Standpunktes jenseits der Meinungen bedürfe, der nicht mehr rhetorisch, sondern philosophisch zu ermitteln sei. Wenn sich der Rhetor dieser Abhängigkeit zu entziehen suche, setze er nur auf die Überlegenheit des Stärkeren, auf Manipulation und Täuschung; nicht Heilkunst, sondern Kochkunst, die sich für Heilkunst ausgebe, sei dann die Rhetorik, denn, so der Platonische Sokrates, sie „stellt sich an zu wissen, welches die besten Speisen sind für den Leib, so daß, wenn vor Kindern oder auch vor Männern, die so unverständig wären wie die Kinder, ein

Arzt und ein Koch sich um den Vorzug streiten sollten, wer von beiden sich auf heilsame oder schädliche Speisen verstände, der Arzt oder der Koch, der Arzt Hungers sterben könnte. Schmeichelei nun nenne ich das und behaupte, es sei etwas Schlechtes [...], weil es das Angenehme zu treffen sucht ohne das Beste. Eine Kunst aber leugne ich, daß es sei; sondern nur eine Übung, weil sie keine Einsicht hat von dem, was sie anwendet, was es wohl seiner Natur nach ist, und also den Grund von einem jeden nicht anzugeben weiß; aber ich kann nichts Kunst nennen, was eine unverständige Sache ist." (Platon, Gorgias, 464d–465a)

Platons Rhetorik-Kritik konnte deshalb so folgenreich sein, weil sie wirklich einen Schwachpunkt der sophistischen Lehre traf. Denn alle Vorwürfe, mit denen er seine Konkurrenten bedenkt, daß nämlich die Redekunst eine bloße Scheinkunst sei, die vorgebe, das Richtige und Nützliche zu kennen, ohne zu wissen, was es ist, daß sie also um dieser Präsentation willen auf den Beifall der Menge angewiesen sei, ihr schmeicheln müsse, um ihre Zustimmung zu der rhetorisch sonst nirgendwo anders zu erlangenden Gewißheit zu erreichen – alle diese Einwände entfalten nur (auf übrigens rhetorisch versierte Weise) den grundsätzlichen Selbstwiderspruch sophistischer Rhetorik, der aus ihrer Instrumentalisierung für den Erfolg und das subjektive Durchsetzungsvermögen resultiert. Die Überzeugung von der Allmacht menschlicher Rede hat die sophistischen Redner dazu verleitet, den Bereich der gesellschaftlichen Praxis und der politischen Beratungs- und Entscheidungsinstitutionen als Verfügungsmasse zu betrachten, nicht immanent in ihnen selber das Richtige im Widerstreit der Meinungen methodisch zu gewinnen.

Doch man würde Platons Intention verkennen, wollte man in seiner Kritik nur die destruktiven Tendenzen isolieren. Sein Kampf gegen die Rhetorik ist genau besehen ein Kampf um die (wahre) Rhetorik, und die Redekunst hat ihrem prominentesten Gegner gerade deshalb viel zu verdanken. Indem er ihre eigene Voraussetzung problematisierte, förderte er ihre Selbstreflexion, intensivierte er die Diskussion über eine rhetorische

Ethik und Pädagogik. Die gegenseitige Abhängigkeit von Wahrscheinlichkeit und Vernünftigkeit, Dialektik (Logik) und Rhetorik wurde erst durch Platon auf neue und weiterführende Weise virulent. Er selber freilich entwirft eine Rhetorik, die in den Dienst der Philosophie zu treten, also das außerhalb ihrer selber auf philosophischem Wege ermittelte Vernünftige und Wahre mit der Lebenswirklichkeit der Menschen überzeugend zu vermitteln habe – was zuletzt auf eine formal-didaktische Reduktion der Rhetorik hinausläuft. Daher ist sein idealer Redner der vollkommene Dialektiker, also Logiker, dessen Kunst in der Beherrschung rational-logischer Argumentation gipfelt.

Zusammenführen und Zerlegen, diese beiden Bestandteile des dialektischen Verfahrens sind für Platon die Voraussetzung und zugleich das innerste Wesen einer wahren Rhetorik. Zu ihrer Vermittlerfunktion gehört dann allerdings noch ein weiteres Vermögen, die Kenntnis der Psyche, der Wirkung auf die Seele der Rede-Adressaten, und dieses macht sie zur Psychagogie. „Nämlich ehe nicht jemand die wahre Beschaffenheit eines jeden Dinges kennt, worüber er redet und schreibt, und es an sich selbst vollständig zu erklären imstande ist, und nachdem er es erklärt, es auch wieder in seine Unterarten bis zum Unteilbaren zu teilen, und ebenso auch mit der Seele Natur bekannt, die einer jeden angemessene Art der Rede herauszufinden versteht, und sie dann so ordnet und ausschmückt, daß er bunten Seelen auch bunte und wohllautreiche Reden gibt, einfachen aber einfache, eher werde er noch nicht vermögend sein, so weit es die Sache erlaubt, mit Kunst das Geschlecht der Reden zu behandeln, weder um zu lehren, noch um zu überreden, wie unsere ganze vorherige Rede gezeigt hat.“ (Platon, Phaidros, 277b–c)

III. Aristoteles: Rhetorische Argumentation

1. Vorläufer: Die Alexander-Rhetorik

Schon das älteste erhaltene Lehrbuch der Rhetorik ist unter Aristoteles' Autorschaft überliefert und verdankt seine Bewahrung dieser Tatsache: die *Rhetorik an Alexander (Rhetorica ad Alexandrum)* – so genannt, weil sie mit einem Widmungsschreiben an Alexander den Großen beginnt („Aristoteles wünscht Alexander viel Gutes“) (Aristoteles, Rhetorik an Alexander, 1421a), das die Zuschreibung zum Corpus der Aristotelischen Schriften legitimiert hat. Die Zuschreibung wird heute nicht mehr aufrechterhalten, und als wahrer Autor gilt Anaximenes von Lampsakos, der das noch aus sophistischem Geist geschriebene Lehrbuch um 340 v. Chr., also kurz vor dem Aristotelischen Werk, verfaßt hat. Es gibt durchaus sachliche Übergänge zwischen der Alexander-Rhetorik und der Aristotelischen Rhetorik, besonders in der Beweislehre, womit sich nebenbei auch zeigt, wieviel Aristoteles seinen Vorgängern verdankt und daß sein für den Unterricht gedachtes Lehrbuch gerade in seinen konkreten Ausführungen das bisherige rhetorische Wissen zusammenfassend dokumentiert.

Einige allgemeine Bemerkungen über die Alexander-Rhetorik mögen daher hier genügen. Zur rhetorischen Gattungslehre fügt der „Auctor ad Alexandrum“ noch ein weiteres Genus, die „prüfende Rede“ (Aristoteles, Rhetorik an Alexander, 1421b), die „das Herausstellen von Entschlüssen oder Taten oder Worten im Vergleich miteinander oder mit dem sonstigen Leben (bedeutet), und der Prüfende muß untersuchen, ob irgendwo das Wort, das er vornimmt, oder die Taten des zu Prüfenden oder seine Entschlüsse einander widersprechen“. (Aristoteles, Rhetorik an Alexander, 1427b) Neben den Redeteilen gilt die Hauptaufmerksamkeit des Verfassers der rhetorischen Argumentationslehre, die er nun freilich höchst utilitaristisch, nach dem jeweiligen Nutzen also, ausrichtet und skrupellos eristische Kunstgriffe empfiehlt, nur mit dem alleinigen Ziel, aus dem Rededuell als Sieger hervorzugehen. Ob er rät, Gehässigkeiten und üble Nachreden über Prozeßgegner zu erfinden oder, wenn nötig, das Gegenteil der Wahrheit zu vertreten, indem man Ursache und Folge vertauscht: überall herrscht jener Wertrelativismus, den man gemeinhin mit dem Negativbegriff der Sophistik assoziiert. Liest man dies Lehrbuch, so begreift man, welch wichtige Rolle die platonische Kritik für die nun fällige Rekonstruktion der Rhetorik gespielt hat.

2. Theorie des Meinungswissens

Die weitreichendsten Folgerungen aus Platons Anforderungen an die Beredsamkeit und den ihnen wirklich entsprechenden theoretischen, konzeptionellen und didaktischen Überlegungen hat sein Schüler Aristoteles gezogen, der an Platons Akademie auch Rhetorik unterrichtete und dafür ein Manuskript als Unterlage benutzte, in welchem er seine rhetorische Theorie entwickelt hatte. Eben dies Manuskript, kein ausgearbeitetes Lehrbuch oder philosophisches Grundlagenwerk, ist uns als die Aristotelische Rhetorik im Korpus der Schriften überliefert. Seine ursprüngliche Bestimmung erklärt manche Inkonsistenz, an der sich die spätere Forschung stieß, etwa die unterschiedliche Behandlung der rhetorischen Produktionsstadien oder das Changieren des Toposbegriffs zwischen einer rein formalen und einer mehr materialen Kategorie.

Die Bedeutung des Buches wird mit solcher Feststellung nicht eingeschränkt, Aristoteles' *Rhetorik,* obwohl in der Antike wenig gelesen und auch später von eher indirekter Wirkung, ist doch das erste Theorie-Werk, das sich nicht in Anweisungen zur kunstgerechten Redeproduktion erschöpft wie die Lehrbücher vor ihm, auf diesen Aspekt sogar vergleichsweise wenig Gewicht legt. Statt dessen steht die Rhetorik als Theorie des Meinungswissens und der wahrscheinlichen Schlüsse, der glaubhaften Argumentation und des Überzeugens durch Gefühlsgründe (Psychagogie) im Mittelpunkt seiner Überlegungen. Auch das war so neu nicht, die sophistische Rhetorik hatte auf diesem Feld schon weit vorausgedacht. Doch untersucht Aristoteles darüber hinaus die Leistungskraft und Grenzen des rhetorischen Wissens sowie dessen methodologische Möglichkeiten, einen Erkenntnisfortschritt zu erreichen; seine „Ars Rhetorica“ ist somit zugleich eine Wissenschaftstheorie der Rhetorik.

„Die Theorie der Beredsamkeit ist das korrespondierende Gegenstück zur *Dialektik;* denn beide beschäftigen sich mit Gegenständen solcher Art, deren Erkenntnis auf eine gewisse Weise allen und nicht einer speziellen Wissenschaft gemeinsam ist. Daher haben auch alle auf irgendeine Weise Anteil an beiden [Disziplinen]; denn alle bemühen sich bis zu einem gewissen Grade, ein Argument zu prüfen bzw. zu stützen sowie sich zu verteidigen oder anzuklagen. Nun tut die Mehrheit dies entweder planlos oder mit einer auf der geistigen Konstitution beruhenden Gewohnheit. Da es aber auf beide Weisen möglich ist, so ist klar, daß es auch möglich sein muß, dies zu methodisieren; denn man kann die Ursache untersuchen, weshalb die einen Erfolg erzielen aufgrund der Gewohnheit, die andern durch Zufall; alle möchten aber wohl zugeben, daß etwas derartiges bereits Aufgabe einer Theorie ist.“ (Aristoteles, Rhetorik, 1354a) Rhetorik wird als problemorientierte Wissenschaft gesehen, sind doch ihre Themen strittig und unentschieden, nicht nur mit logischer Deduktion (wie in der Dialektik), sondern mit plausiblen Argumenten zu entscheiden. Sie ist demnach für alle Fragen zuständig, über die man zu beraten pflegt und die durch Begründungen zu beantworten sind.

Schon der Beginn der Aristotelischen *Rhetorik* zeigt, daß ihr Autor einerseits fest in der bisherigen rhetorischen Tradition verankert ist, denn auf nichts anderes hatten natürlich auch die Sophisten ihre Auffassungen gestützt. Andererseits aber auch ein kritisch prüfendes Verhältnis zu ihr unterhält und auf methodische, theoretische Ausarbeitung zielt, die dem Autor um so notwendiger erscheint, als alle Disziplinen, insofern sie argumentieren, sich dialektischer (logischer) oder rhetorischer Mittel bedienen. Aristoteles' *Rhetorik* ist demnach vor allem argumentationstheoretisch ausgerichtet, wogegen den Affekten und der Affekterregung *theoretisch* nur eine untergeordnete Bedeutung zukommen soll. „Die nun, die bisher Theorien der

Beredsamkeit aufgestellt haben, haben nur einen kleinen Teil dieser Theorie ausfindig gemacht; denn einzig die Überzeugungsmittel gehören zur Theorie, alles andere sind Zugaben. Sie sprechen nämlich nicht von den Enthymemen (den rhetorischen Schlußverfahren), worin doch gerade die Grundlage der Überzeugung besteht; was jedoch außerhalb der eigentlichen Aufgabe liegt, damit befassen sie sich zumeist: Denn Verdächtigung, Mitleid, Zorn und dergleichen Affekte der Seele zielen nicht auf die Sache selbst, sondern auf den Richter. [...] Man soll den Richter nicht verwirren, indem man ihn zu Zorn, Neid und Mitleid verleitet; das wäre ja gerade so, wie wenn man das, was man als Richtlatte gebrauchen will, zuvor verbiegt." (Aristoteles, Rhetorik, 1354a)

Der Schüler Platons, der doch seine eigene Akademie gründen mußte (den Peripatos), weil er auch sonst aus den Prämissen des Meisters seine höchst eigenen, menschlicher Rationalität und Praxis verpflichteten Konsequenzen zog, scheint zunächst nichts anderes zu tun, als der Platonischen Forderung nach einer philosophischen (dialektischen) Begründung der Rhetorik zu entsprechen. Freilich zielt seine Konzeption schon von Anfang an in eine neue Richtung, und sie hätte seinem Lehrer in manchen Zügen wie ein Zugeständnis an die sophistischen Lehren vorkommen müssen. Nicht die Wahrheit wird von Aristoteles als Ziel und zugleich als Maßstab rhetorischer Rede ermittelt, sondern Plausibilität, das heißt Geltung mit dem Anspruch der Richtigkeit in pragmatischen Sachverhalten und für die soziale Handlungsorientierung des Menschen. „Die Rhetorik stelle also das Vermögen dar, bei jedem Gegenstand das möglicherweise *Glaubenerweckende* zu erkennen. Denn dies ist die Funktion keiner anderen Theorie. Jede andere nämlich will über den ihr zukommenden Gegenstand belehren und überzeugen: wie die Medizin über das, was gesund bzw. krank ist, die Geometrie über die Vorgänge, die die Größe betreffen, die Arithmetik über die Zahl und in gleicher Weise auch die übrigen theoretischen Anweisungen und Wissenschaften. Die Theorie der Beredsamkeit dagegen scheint sozusagen in der Lage zu sein, das Glaubenerweckende an jedem vorgegebenen

Gegenstand zu untersuchen. Darum behaupten wir auch von ihr, daß sie kein ihr eigenes, auf eine bestimmte Gattung von Gegenständen beschränktes Gebiet theoretischer Anweisungen besitzt." (Aristoteles, Rhetorik, 1355b)

Womit der Gegenstandsbereich der Rhetorik umrissen ist: er beschränkt sich nicht auf ein material-inhaltlich bestimmtes Feld von Forschungsfragen (nach dem Zusammenhalt des Universums, der göttlichen oder weltlichen Gerechtigkeit), sondern ist ubiquitär und betrifft sämtliche Überzeugung herstellenden Sprechhandlungen. Aristoteles deutet hier auch an, daß die genuin rhetorischen Probleme offen sind, unentschieden, und es darum geht, die *möglichen* Überzeugungsmittel zu finden. Dogmatische Lehren oder Fragen, die nach der Struktur von Befehl und Gehorsam oder durch Messen und Rechnen entschieden werden, liegen außerhalb rhetorischer Zuständigkeit.

Und noch ein Weiteres: die einfache Präsentation einer Sache genügt nicht, um ihr zur Geltung zu verhelfen, oder mit anderen Worten: eine gleichsam naturgemäße Selbstrepräsentation einer Sache gibt es in den menschlichen Dingen nicht. Die Goethische, freilich einer Kunstfigur (Faust) in den Mund gelegte Sentenz „es trägt Verstand und rechter Sinn mit wenig Kunst sich selber vor" beruht auf einer Illusion. Jede Präsentation, jedes Vorzeigen einer Sache ist schon ein rhetorischer Akt, der darauf ausgerichtet ist, „das möglicherweise Glaubenerwekkende", ihre überzeugenden Seiten ins rechte Licht zu rücken. Es gibt nur die Wahl zwischen einer mehr oder weniger überzeugenden Demonstration, und die Sachlichkeitsattitüden von Juristen oder Politikern ist ein genuin rhetorisches Mittel, kein Absehen von rhetorischer Argumentation.

3. Rhetorische Schlußverfahren und die Topik

Die Methode dieser Argumentation – und das ist die zweite grundlegende Konsequenz des Aristoteles aus den ihm vorliegenden Rhetoriken – ist die Schlußfolgerung, die deduktiv vorgeht, wenn sie sich auf wahrscheinliche, in ihrer Geltung bereits erprobte und akzeptierte Sätze bezieht; oder induktiv, wenn sie sich auf Beispiele stützt. Die erstere nennt er enthymematisch, die zweite paradigmatisch, wenn es sich um rhetorische Argumentation handelt. Die philosophische Grundlage dieser Ableitung ist der syllogistische Deduktionsschluß, wobei apodiktische Notwendigkeit des Urteils nur dem wissenschaftlich beweisenden und logischen Syllogismus zukommt und immer zwingender ist als der Induktionsschluß, der vom Einzelnen zum Allgemeinen fortschreitet und Notwendigkeit nur erreichen könnte, wenn alle möglichen Einzelfälle auch vorher geprüft worden wären. Im Meinungsaustausch, zur Klärung des eigenen Standpunkts und für die Handlungsentscheidungen des Lebens ist das syllogistische Verfahren untauglich, dessen Beweiskraft im Mittelbegriff liegt und davon abhängt, ob in ihm Realgrund und Erkenntnisgrund zugleich enthalten sind.

Strenggenommen gibt es notwendige Urteile in dieser Form nur in der Mathematik. Aristoteles stellte sich daher nun die Aufgabe, „eine Methode zu finden, nach der wir über jedes aufgestellte Problem aus wahrscheinlichen Sätzen Schlüsse bilden können und, wenn wir selbst Rede stehen sollen, in keine Widersprüche geraten." (Aristoteles, Topik, 100a 18) Diese für Dialektik und Rhetorik gleichermaßen taugliche Methode basiert auf dem Schluß aus allgemein geltenden, von den meisten also für wahr gehaltenen, daher wahrscheinlichen und einleuchtenden Grundannahmen (*endoxa*). In ihnen sind auch die topoi, die *Bausteine* des rhetorischen Schlusses, verankert, die auf gemeinsame Ansichten rekurrieren und daher ihre Beweiskraft beziehen. Das sind zum Beispiel die topoi über „Potentialität und ihr Gegenteil, ob etwas geschehen sei oder nicht (über Faktizität), ob es sein wird oder nicht, sowie über Größe und Kleinheit von Dingen". (Aristoteles, Rhetorik, 1393a)

Was er damit meint, hat Aristoteles breit ausgeführt und an Beispielen illustriert: „Ferner gilt überhaupt das Schwerere mehr als das Leichtere; denn es ist seltener. Andererseits gilt das Leichtere mehr als das Schwerere; es verhält sich nämlich so, wie wir es wünschen." (Aristoteles, Rhetorik, 1364a) Jeder topos kann also Ausgangspunkt höchst verschiedener, gar entgegengesetzter Schlüsse sein (so daß das Leichtere einmal mehr, einmal weniger gelten kann), denn er ist in einem bestimmten Beweiszusammenhang zu aktualisieren, um als überzeugende Prämisse oder Garantie für eine bestimmte Schlußfolgerung tauglich zu sein. Für sich selber ist er neutral und in verschiedenen Handlungs- oder Diskussionskontexten einsetzbar. Topoi sind auch die Grundlage von Allgemeinplätzen, d. h. von material-inhaltlich bereits stärker konkretisierten Basissätzen, deren Funktionalität immer noch groß, aber doch schon eingeschränkt ist. Auf dem angeführten topos über „Größe und Kleinheit von Dingen" beruht etwa der Gemeinplatz: „Aller Anfang ist schwer."

4. Ethos, pathos und das rhetorische System

Neben diesen topoi der *rhetorischen* Rationalität systematisiert Aristoteles die topoi der Affekterregung (*pathos*) und der Charakterdarstellung (*ethos*): „Von den Überzeugungsmitteln, die durch die Rede zustande gebracht werden, gibt es drei Arten: Sie sind nämlich entweder im Charakter des Redners begründet oder darin, den Hörer in eine gewisse Stimmung zu versetzen, oder schließlich in der Rede selbst, d. h. durch Beweisen oder scheinbares Beweisen." (Aristoteles, Rhetorik, 1356a)

Die Glaubwürdigkeit der Person, ihre Klugheit, moralische Integrität und wohlwollende Haltung ergeben eine ebensolche Fülle von Beweismitteln wie die Affekte, in welchen die Zuhörer ihre Meinung bilden oder ihr Urteil abgeben. Ob jemand als tugendhaft oder bestechlich gilt, ist für eine Entscheidung daher ebenso wichtig wie die Gefühlsgrundlagen, von denen man bei der Urteilsfindung ausgeht, ob man also in Zorn oder Mitleid gestimmt ist. Die wissenschaftliche Beweiskraft dieser topoi mag gering sein, die Wirkung von Gefühlsgründen, ihre Glaubwürdigkeit, ist damit nicht in Frage gestellt. Aristoteles zieht in diesen Kapiteln einerseits die Konsequenz aus Platons Forderung nach einer psychologischen Begründung der überzeugenden Rede (seiner Einsicht folgend, daß die Affekte das menschliche Wollen bestimmen), andererseits entspricht er auch der Forderung seines Lehrers nach der ethischen Begründung der Redekunst. Rhetorik und Ethik werden über die Topik der Charakterdarstellung aufs engste vermittelt und mit ihrer Verpflichtung auf Handlungsorientierung und Entscheidungsfindung im Raum der Polis zudem mit der Politik verbunden.

Verdanken wir Aristoteles demgemäß die erkenntnistheoretische Absicherung der Rhetorik, so hat er darüber hinaus ihre systematische Verfassung aus den vorliegenden Anfängen noch in zweierlei Hinsicht vervollkommnet. Die erstere betrifft die Einteilung der Redegattungen, die sich nach dem Zuhörer richtet, der für jede Rede die entscheidende, Erkenntnis und Interesse leitende Instanz abgibt. Verhält sich der Zuhörer genießend, liegt eine Festrede vor; muß er über eine vergangene Handlung urteilen, tritt er als Richter auf; soll er über ein zukünftiges Geschehen entscheiden, erscheint er in beratender Funktion. Daraus folgen die drei rhetorischen Genera: die Lob-(oder Tadel-)Rede (*genos epainos*), die gerichtliche Rede (*genos dikanikon*) und die beratende, politische Rede (*genos symbouleutikon*). Allen drei Redegattungen prinzipiell gemeinsam (und das ist eine weitere systematische Vervollkommnung) sind die rednerischen Aufgaben: 1. das Auffinden des Stoffes, der Argumente und Beweise (*inventio*); 2. ihre sprachlich-stilistische Verarbeitung (*elocutio*); 3. die wirkungsvolle Gliederung der Gedanken und des oratorischen Textes (*dispositio*). Das triadische Schema wird später um die mehr praktisch bedeutsamen Aufgaben (die wohl eben deshalb bei Aristoteles fehlen) des Memorierens und des Vortrags ergänzt, auch die Ordnung korrigiert, so daß die dispositio an die zweite Stelle rückt. Diese selber wiederum richtet schon Aristoteles nach den Redeteilen aus: 1) Einleitung (*prooemium*), 2) Erzählung, Darlegung des Sachverhalts (*diegesis*), 3) Argumentation (*pistis*), 4) Redeschluß (*epilogos*).

Der ideale Redner des Aristoteles ist ein Dialektiker, der weiß, wie man Schlüsse ziehen und topisch argumentieren kann, der darüber hinaus aber auch der menschlichen Natur Rechnung zu tragen versteht, das heißt: sich der den Menschen von den Tieren unterscheidenden Qualität bewußt ist, daß nämlich Empfindung zur Erkenntnis führen kann und die Affekte sogar das ethische Handeln bestimmen. Die optimistische Ansicht der bisherigen Philosophie, kein Mensch verübe freiwillig Unrecht, von den Sophisten schon bezweifelt, wird abermals von realistischer rhetorischer Vernunft korrigiert. Manfred Fuhrmann hat die historische Stellung des Aristotelischen Lehrwerks der Rhetorik in einem entschlossenen Zugriff zusammenfassend skizziert: „Von Gorgias bis Anaximenes, von Sokrates bis Aristoteles: der Antagonismus von sophistischer Herausforderung und philosophischer Reaktion ist ungefähr ein Jahrhundert lang, in der Zeit von 430 bis 330 v. Chr., die bewegende Kraft der griechischen Bildungsgeschichte gewesen, und dem nachgeborenen Betrachter steht noch ein hinlängliches Quantum von Zeugnissen – von Musterreden, Programmschriften und Rhetorik-Handbüchern – zu Gebote, sich einen unmittelbaren Eindruck vom Hergang der großen Auseinandersetzung zu verschaffen. Doch nach der Aristotelischen *Rhetorik,* der jüngsten in diesen Zusammenhang gehörigen Schrift, ändert sich das Bild von Grund auf. Für die Jahrhunderte des Hellenismus, für die Zeit von Aristoteles bis zum Einsetzen der lateinischen Quellen, kurz nach 90 v. Chr., fehlt es gänzlich an direkter Überlieferung [...].“ (Fuhrmann, Die antike Rhetorik, S. 36)

IV. Römische Rhetorik

1. Voraussetzungen

Ganz ähnlich wie in Griechenland geht auch in Rom der rhetorischen Theorie die rhetorische Praxis voraus. Bevor die ersten Lehrbücher und Schulen entstanden, gab es schon eine Tradition der Grabrede (*laudatio funebris*), die festen Regeln folgte und eine musterhafte Struktur ausgebildet hatte. Vergleichbares gilt für die große Staatsrede, und Männer wie Appius Claudius Caecus, der alte Cato, Tiberius und Gaius Gracchus, M. Antonius Rufus oder L. Licinius Crassus sind Ciceros große und von ihm auch oft gerühmte Vorgänger.

Die Voraussetzungen für die Übernahme der in Griechenland ausgebildeten Redekunst waren im republikanischen Rom auch besonders günstig: die politische Entscheidungsgewalt lag in den Händen des Senats mit seinen bis zu 600 Ältesten, und mußten vor diesem höchsten Gremium durch gemeinsames Beratschlagen und gegenseitige Überzeugung die Entscheidungen herbeigeführt werden, so galt es oftmals in einem zweiten Zuge, die jeweiligen Entschließungen den Bürgern öffentlich zu vermitteln. Auch auf juristischem Gebiet gab es ein Bedürfnis zur Handlungsorientierung, die öffentlichen Strafprozesse lagen in den Händen von Centuriat-Komitien, von Laienrichtern oder Geschworenen, da bei allen Schwerverbrechen nur das Volk zu richten hatte. Die Zivilprozesse fanden öffentlich, auf Forum und Komitium, statt, in ihnen spielte die sachbezogene Rede zur Entscheidungsfindung die wichtigste Rolle.

Bisher war die Rhetorik als ursprünglich griechische Errungenschaft auch an die griechische Sprache gebunden geblieben, unter der Monarchie wurde sie als Kunstübung tradiert, in den Schulen des Hellenismus diente sie – nach der Grammatik – vorzüglich dem Studium der Literatur und Sprache und bildete die Grundlage für die stoische Tropenlehre, die Lehre von den übertragenen Wörtern, die allein dem Studium der Dichter gewidmet war. Dennoch blieb Sprengkraft genug erhalten, und unter den Optimaten wurde die Rhetorik sogar zum unerwünschten Lehrgegenstand erklärt, zumal sie inzwischen in lateinischer Sprache unterrichtet wurde und bei der unterdrückten politischen Opposition eine große Rolle spielte. Die Republik brachte schließlich die Rehabilitierung der verfemten Disziplin, und zwischen 86 und 82 v. Chr. entstand das erste römische Lehrbuch der Rhetorik, das lange Zeit als Jugendwerk Ciceros gegolten hat, zumal dessen rhetorische Lehrschrift *De inventione* (*Rhetorik oder von der rhetorischen Erfindungskunst*) wenig später erschien. Diese heute meist nach dem Adressaten der Widmung benannte „Herennius-Rhetorik" ist ersichtlich allein für den praktischen Gebrauch bestimmt, ihr theoretischer Bezugsrahmen bleibt die griechische Rhetorik, Bemühung um eigene Prinzipien fehlt.

2. Die beiden ersten römischen Rhetoriken

Der „Auctor ad Herennius", wie man den anonymen Verfasser nennt, widmet sich dem gesamten rhetorischen Lehrgebiet. Er behandelt die Arbeitsstadien des Redners: am Anfang die *inventio,* die kreative Phase der Stoff-Findung, des Ermittelns der Argumente und der Erfindung von Sujets und wirkungsvollen Gegenständen des Verstandes und der Einbildungskraft. Als zweiter Schritt die *dispositio,* die überzeugungsgerichtete, Sache, Zweck und Publikum gleichermaßen berücksichtigende Auswahl und Anordnung des Stoffes oder der Argumente. Als traditionell besonders wichtig genommene dritte Phase erscheint die *elocutio,* die Verbalisierung und stilistisch-kunstreiche Formulierung der Gedanken. Als viertes und fünftes Stadium folgen *memoria* und *pronuntiatio,* das Einprägen der Rede im Gedächtnis und schließlich Aussprache und Aufführung der Rede vor ihren Adressaten.

In der Gattungslehre legt der Verfasser besonderes Gewicht auf die gerichtliche und die politische Rede, die Festrede hat für ihn vor allem deshalb einige Bedeutung, weil Personen-Lob und -Tadel, ihre Hauptaufgaben, auch in den beiden anderen Gattungen eine wichtige Rolle spielen. Die Redestruktur wird in ihrer schon gewohnten Form abgehandelt: Einleitung (*exordium*) – Erzählung des Hergangs bzw. Erläuterung des Sachverhalts (*narratio*) – Beweisführung oder Argumentation (*argumentatio*) – Abschluß (*peroratio*). In den Kapiteln über die Gerichtsrede findet sich – sehr ausführlich – die Lehre von den Streitpunkten, um welche die Verhandlung geführt wird und die deren Zuständigkeit erst klären soll.

Der „Auctor ad Herennius" schließt sich auch hier der griechischen Überlieferung an. Hermagoras von Temnos war es gewesen, der die Statuslehre in der zweiten Hälfte des 2. Jahrhunderts v. Chr. entwickelt hatte. Entweder, so dekretierte er, ist der Sachverhalt einer argumentativen Klärung zugänglich und also dem *genus rationale* zuzuordnen, oder zu seiner Lösung bedarf es der Gesetzes- und Vertragsauslegung und er gehört zum *genus legale*. In beiden Fällen lassen sich die Probleme auf jeweils vierfache Weise weiter präzisieren und voneinander unterscheiden. Beruht der Streitpunkt auf Mutmaßungen über den Täter, über seine Geisteshaltung oder Motivation, spricht man vom *status coniecturalis;* ist man sich nicht im klaren darüber, wie die Tat eingestuft und benannt werden kann, befindet man sich im *status definitivus;* der *status qualitatis* bezieht sich auf die Bewertung des Geschehens und die Problematik der Rechtfertigungsgründe; und mit der Streitfrage nach der Zuständigkeit eines Gerichts oder nach der Übertragung auf ein anderes Gericht hat man das Gebiet des *status translationis* betreten. Das zweite große Gebiet des *genus legale* systematisiert die Streitpunkte aus der Gesetzes- oder Vertragsauslegung: der *status scriptum-sententia* bezieht sich auf Widersprüche zwischen Wortlaut und Sinn; der *status leges contrariae* tritt bei der Widersprüchlichkeit zweier oder mehrerer Gesetze ein; auch Doppeldeutigkeiten können zum Streitpunkt im *status ambiguitas* werden; schließlich können Probleme durch Gesetzeslücken entstehen und per Analogieschluß im *status ratiocinatio* aus anderen Gesetzen gelöst werden. Hermagoras' sechs Bücher über die Rhetorik widmen sich vor allem der juristischen Beredsamkeit, obwohl verschollen, kann man sie in Umrissen aus den Lehrbüchern der römischen Rhetorik erschließen, für welche sie von grundlegender Bedeutung geworden sind.

Das kann auch für Ciceros Jugendschrift *De inventione rhetorica* angenommen werden, die kurz nach der Herennius-Rhetorik entstanden ist. *Von der rednerischen Erfindungskunst* lautet der Titel etwas frei übersetzt, und wirklich behandelt das unvollendet gebliebene Werk nur das erste rednerische Arbeitsstadium, die *inventio,* und die zu ihr gehörende, weil das Auffinden der zweckdienlichen Argumente bestimmende, Statuslehre. Die größten Unterschiede der beiden ersten, sonst oftmals sogar bis ins Detail hin übereinstimmenden römischen Lehrbücher der Rhetorik bestehen darin, daß Cicero den trokkenen Regel-Stoff auch nach den Anforderungen rhetorischer Kunstprosa behandelt, größere gedankliche Ansprüche an den Leser stellt und immer wieder den Zusammenhang von Politik und Rhetorik thematisiert. In Umrissen wird dabei schon das Programm der späteren großen rhetorischen Lehrschriften sichtbar, so wenn der Verfasser die Verbindung von Weisheit und Beredsamkeit fordert, die praktische Rhetorik als Mittel zur Umsetzung politischer Ideen begreift und Philosophen und Redner aufs neue vereinigt sehen will.

3. Rhetorik als Verbindung von Philosophie, Ethik und praktischer Politik: Cicero

Niedergeschrieben und ausführlich erweitert hat Cicero diese Gedanken erst nach der Beendigung seiner politischen Laufbahn. Im Zentrum seiner großen rhetorischen Werke steht der Lehrdialog *Über den Redner* (*De oratore*), den Manfred Fuhrmann sogar „die bedeutendste Darstellung der Rhetorik, welche die Antike hinterlassen hat", rühmt. (Fuhrmann, Die antike Rhetorik, S. 52) Sie umfaßt das gesamte Gebiet der rhetorischen Theorie und Technik und wird durch drei kleinere Schriften ergänzt, in denen das Schwergewicht auf der praktischen Anwendung (*partitiones oratoriae*), der historischen Entwicklung der Rhetorik von der griechischen Beredsamkeit bis zur römischen Eloquenz unter Einschluß der eigenen Leistung

(*Brutus*), der Stillehre, die sich nach den drei großen, schon von Aristoteles' Schüler Theophrast (372–282 v. Chr.) in seiner verschollenen Schrift *Über den Stil* ausgeführten Stilarten, dem einfachen, mittleren und erhabenen Stil, gliedert (*Orator*), schließlich die *Topica,* die im Anschluß an Aristoteles, doch weniger systematisch und nicht widerspruchsfrei, die Lehre von der Auffindung der Stoffe und Beweise enthalten. Schon in den einleitenden, seinem Bruder Quintus gewidmeten Bemerkungen zu *De oratore* pointiert Cicero seine wichtigste Absicht. „Auch pflegst du zuweilen in unseren Unterhaltungen darin von mir abzuweichen, daß, während nach meinem Urteil die Beredsamkeit auf den wissenschaftlichen Kenntnissen der einsichtsvollsten Männer beruht, du hingegen der Ansicht bist, sie müsse von der gründlichen Gelehrsamkeit getrennt und als das Erzeugnis einer gewissen natürlichen Geistesanlage und Übung angesehen werden." (Cicero, Über den Redner, 2,5)

Es geht um nichts Geringeres als die Renaissance der Rhetorik im Sinne eines umfassenden Bildungssystems. Ciceros Hauptgegner sind die römischen Rhetorik-Trainer, wie man sie in Analogie zu ihrer heute wirkenden Nachfolge-Zunft nennen könnte, die die Beredsamkeit auf ein technisches Vermögen, eine Art Sozialtechnologie reduzierten, also ein bloßes Redehandwerk betrieben. „Und nach meiner Ansicht wenigstens wird niemand ein in jeder Hinsicht vollkommener Redner sein können, wenn er sich nicht Kenntnisse von allen wichtigen Gegenständen und Wissenschaften angeeignet hat. Denn aus der Erkenntnis der Sachen muß die Rede erblühen und hervorströmen. Hat der Redner die Sachen nicht gründlich erfaßt und erkannt, so ist sein Vortrag nur ein leeres und ich möchte sagen kindisches Gerede. Nicht jedoch will ich den Rednern, zumal den unsrigen, deren Zeit von den Geschäften des Staatslebens so sehr in Anspruch genommen wird, eine so große Last aufbürden, daß ich ihnen nicht vergönnen sollte, einiges nicht zu wissen; wiewohl der Begriff des Redners und sein Beruf, selbst gut reden, das auf sich zu nehmen und zu verheißen scheint, daß er über jeden Gegenstand, der ihm vorgelegt wird, mit Geschmack und Fülle reden könne." (Cicero, Über den Redner,

1,21 f.) Im später folgenden Dialog ist es Crassus, der die Position des vollkommenen Redners (*orator perfectus*) vertritt, während Antonius (beide Staatsmänner hat Cicero als Hauptfiguren des fiktiven, im Jahre 91 v. Chr. spielenden Gesprächs okkupiert) die Gegenpartei vertritt und die Rhetorik als spezielle Kunst geübt sehen möchte.

Es leidet keinen Zweifel, daß Cicero mit seiner ehrgeizigen Konzeption an die griechische Geschichte der Rhetorik anknüpft; ausdrücklich bezieht er sich auf die Verbindung von Philosophie, Ethik und praktischer Politik im Selbstverständnis der Sophisten, nennt die „zweifache Weisheit des Handelns und Redens" (Cicero, Über den Redner, 3,59) charakteristisch für Themistokles oder Perikles, lobt Gorgias, Thrasymachos und Isokrates als große Lehrer der Staatsweisheit und erkennt schließlich in Sokrates den fatalen Urheber des Schismas zwischen Philosophie und Rhetorik. Das gesamte erste Buch *Über den Redner* ist dem Entwurf und der Begründung eines rednerischen Bildungsideals gewidmet. Als Gründerin, Lenkerin und Erhalterin der Staaten verlangt die Beredsamkeit vom Orator gründliche Kenntnisse in allen Wissenschaften, öffentlichen Angelegenheiten, Gesetzen, Sitten und des Rechts. Besonders die Lehre vom Leben und den Sitten gehört in die Zuständigkeit des Rhetors, denn es waren „nicht getrennte, sondern identische Personen, die Vorschriften sowohl fürs rechte Handeln als auch fürs gute Reden gaben". (Schottlaender, Synopsis, S. 81)

Wie soll nun ein solcher orator perfectus entstehen, was sind seine Voraussetzungen? Cicero läßt Crassus zuerst die Naturanlagen (*natura*) nennen, also etwa Scharfsinn, geistige Beweglichkeit und auch physische Vorzüge. Zweite Voraussetzung ist die Kenntnis der Kunstlehre (*ars*), der theoretischen Grundlagen, Methoden und Regeln der guten, überzeugenden Rede. Die dritte Voraussetzung besteht in der ständigen Übung und Vervollkommnung (*exercitatio*) aller für die Rede nötigen Fertigkeiten, ob es sich um intellektuelle oder körperliche handelt, um das Gedächtnis, die Formulierfähigkeit oder die Stimme. Die Bücher zwei und drei enthalten die rhetorische Kunstlehre, behandelt werden die Redegattungen, die Arbeitsstadien von der inventio bis zur pronuntiatio, dabei auch die Redeteile. Besonderes Gewicht wird auf die rhetorische Affektenlehre gelegt, die in der bisherigen Geschichte der Rhetorik eine eher untergeordnete Rolle spielte, auch wenn Aristoteles die Gefühlsgründe für die Überzeugungskraft einer Rede (Sympathieerregung durch das ethos des Redners, Leidenschaftserregung durch pathetische Mittel) nicht gering eingeschätzt, ihren Gebrauch aber restriktiv behandelt hatte.

Anders Cicero, der eine rhetorische Psychagogie entwirft, die vielleicht erstmals diesen Namen wirklich verdient, da „nichts [...] in der Beredsamkeit wichtiger" sei, „als daß der Zuhörer dem Redner geneigt sei und selbst so erschüttert werde, daß er sich mehr durch einen Drang des Gemütes und durch Leidenschaft als durch Urteil und Überlegung leiten lasse." (Cicero, Über den Redner, 2,178) Den Stilqualitäten, der Figurenlehre und der Vortragspraxis widmet sich schließlich das dritte Buch.

Eine besondere Bemerkung mag für die Stillehre angebracht sein. Denn einerseits muß der Stil auf die jeweilige Gelegenheit, auf die Sachlage und das Thema, auf die Wirkungsabsicht und die Möglichkeiten des Redners selber abgestimmt werden, läßt sich also nur schwer in allgemeine Schemata zwängen, andererseits aber wird die Zuständigkeit der überlieferten Drei-Stil-Lehre betont: „die höhere, die niedrigere und die mittlere Redeweise" (Cicero, Über den Redner, 3,212) geben jeweils die Grundtöne an, die dem Einzelfall entsprechend zu modulieren sind. In der späteren Schrift *Orator* (*Der Redner*) entwickelt Cicero dann eine andere Stillehre, die besonders wirkungsmächtig werden sollte: die durch die jeweils unterschiedliche sprachliche Ausgestaltung geprägten drei Stilarten werden sowohl den Zielen des Redners als auch der Qualität der behandelten Sache zugeordnet. Des niederen, schmucklosen, einfachen Stils bedient sich der Redner, der seine Zuhörer über einen schlichten Gegenstand belehren will (*docere),* des mittleren, mäßig geschmückten Stils, wenn er sie mit einem zweitrangigen Thema unterhalten, und des hohen, pathetischen Stils, wenn er sie für ein großes Thema hinreißen will. „Der also wird beredt sein [...], der das Geringe in schlichter Weise, das der mittleren Gattung Angehörige in gemäßigtem Tone, das Große mit Würde vorzutragen vermag." (Cicero, Der Redner, 29,101) Womit die Voraussetzungen für die spätere ständische Bindung der Stillehre geschaffen sind, denn die Hierarchie der Gegenstände ließ sich ohne Schwierigkeiten auch stände-soziologisch definieren.

Bedenkt man alles gemeinsam, so hat Cicero die Rhetorik in einer für die europäische Geschichte entscheidenden Weise als eine Bildungsmacht institutionalisiert, die sogar noch ihre größte Konkurrentin, die Philosophie, vereinnahmt. Rhetorik schließt umfassende, universale Bildung ein (der *uomo universale* der Renaissance ist die bekannteste spätere Ausgeburt dieser Idee, die im Konzept der Allgemeinbildung mit ihren Derivaten bis ins 20. Jahrhundert reicht); die persönliche Integrität, das ethos des Redners als eines vir bonus, eines guten Mannes, dessen Tugenderziehung Voraussetzung seiner rednerischen Wirksamkeit ist, soll die Redekunst gegen Mißbrauch immunisieren. Die rhetorische Ethik wird derart an die Ausbildung des Redners gebunden, und Quintilian wird aus diesen Gedanken schon bald die weitreichendsten Folgerungen ziehen. Schließlich weitet Cicero die Zuständigkeit der Rhetorik auf jeden Redegegenstand aus und macht sie zur Kulturträgerin schlechthin. „Das Gebiet der Beredsamkeit aber hat einen so großen Umfang, daß sie den Ursprung, das Wesen und die Veränderungen aller Dinge, der Tugenden, der Pflichten und der ganzen Natur, soweit dieselbe die Sitten, die Gemütsarten und das Leben der Menschen angeht, umfaßt sowie auch die Sitten, Gesetze und Rechte anordnet, den Staat lenkt und alles, worauf es sich auch beziehen mag, mit Geschmack und Fülle vorträgt." (Cicero, Über den Redner, 3,76)

Man hat Cicero gelegentlich vorgeworfen, daß er die Rhetorik entpolitisierte, indem er sie zum allgemeinen, humanistischen Bildungssystem entwickelte – das Gegenteil ist der Fall. Die Krise der Republik verlangte eine andere Antwort als die bloße Wiederbelebung der politischen Rhetorik der Sophisten, die die Einheit von Gut-Denken, Gut-Reden und Gut-Handeln aus der Praxis der Polis beziehen und wiederum auf diese zurückwenden konnten. Cicero ist ja auch ein Denker des Rechts, für den humanitas (*versus immanitas*) ein konkreter Leitbegriff seiner Verteidigungspraxis war und der den Gegensatz von Recht und Unrecht auch in seinem politischen Handeln als Motivation und Herausforderung begriff. Anwalt vor Gericht und öffentlicher Ankläger in einer Person, läßt sich auch seine theoretische Wirksamkeit nicht einfach von ihren praktischen Intentionen trennen.

Recht besehen hat Cicero die Rhetorisierung der Bildung und des gesamten öffentlichen und privaten Lebens auf die Aufgabe konzentriert, die politische Rhetorik aus der Krise der Republik herauszuführen, um die Republik zu retten. Das Ideal des orator perfectus, des Redners und Philosophen in einer Person, bedeutete auch die Vereinigung von Theorie und Praxis, Ethik und Politik, Bildung und öffentlicher Rede. Wenn in der römischen Kaiserzeit wirklich eine Entpolitisierung der Rhetorik eintrat und sie in der humanistischen Allgemeinbildung von eher ästhetisch-literarischem Zuschnitt aufging, so ging dies nur um den Preis einer Verkürzung von Ciceros Konzeption um ihre politisch und rechtlich praktische Dimension. Staatsmann und Redner trennten sich abermals, und das von ihm beklagte „Zerwürfnis zwischen Zunge und Verstand" (Cicero, Über den Redner, 3), das Auseinanderfallen von Wissenschaft, Politik und Rhetorik (eine Verfallsgeschichte, die er Sokrates anlastete), fand abermals statt.

4. Ausbildung und Schule des Redners: Quintilian

Die wichtigste Wirkungsstätte der Rhetorik im Kaiserreich wurde die Schule, der repräsentative Aufführungsort das Theater. Auf diese Weise entwickelte sich die Rede zum Bildungsmedium oder zur reinen Kunstübung um des Vergnügens der Zuschauer willen. Man ging zu öffentlichen Deklamationen, die sich immer mehr ausgeklügelten und lebensfernen Themen widmeten. Künstliche Beratungsreden (sog. *suasoriae,* Suasorien) über literarische oder mythologische Streitfälle und forensische Schaugefechte (sog. *controversiae,* Kontroversien) bestimmten die Beredsamkeit.

Auf den Inhalt der sich meist in Scheinproblemen erschöpfenden Deklamationen kam es wenig an, die Form war alles, in ihr versuchte ein Schau-Redner den anderen zu übertreffen, der Stil wurde immer mehr verfeinert, schmuckreicher, raffinierter und sentenziöser, die manierierte asianistische Redeweise triumphierte über die maßvolle klassische attische Beredsamkeit. „Die Welt der Deklamationen war phantastisch und melodramatisch, und eben deshalb vielleicht beliebt in einer eintönigen Zeit. Augustus hat der Welt Frieden und Sicherheit gebracht; die Deklamatoren schwelgten in Gewalttaten, Brandstiftung und Schiffbruch." (Clark, Die Rhetorik bei den Römern, S. 120) Liest man etwa bei Seneca d. Ä. (um 55 v. Chr. – 40 n. Chr.) die Themen der Suasorien und Kontroversien, bestätigt sich dieses Bild zumindest hinsichtlich seiner Gesuchtheit und Künstlichkeit. Dreihundert Spartaner seien gegen Xerxes gesandt worden, so referiert er ein Beratungsthema. Als dreihundert Männer aus ganz Griechenland, die mit derselben Aufgabe betraut gewesen waren, die Flucht ergriffen hatten, überlegen sie, ob sie auch selber flüchten sollen. Oder ein anderer Fall: Alexander der Große geht mit sich zu Rat, ob er Babylon betreten solle, nachdem ihm durch ein Orakel für diese Gelegenheit eine große Gefahr geweissagt worden war. Die Kontrovers-Probleme bestehen meist aus kleinen Fallgeschichten. Zwei Beispiele, die sich wiederum bei Seneca finden: „Ein Vater enterbte seinen Sohn. Der enterbte Sohn studierte Medizin. Als der Vater krank wurde und die Ärzte sagten, er könne nicht geheilt werden, heilte er ihn. Er wurde wiederaufgenommen. Darauf erkrankte die Stiefmutter; die Ärzte gaben die Hoffnung auf. Der Vater bat seinen Sohn, daß er sie behandle. Er lehnte es ab und wurde enterbt. Er widerspricht." (Seneca d. Ältere, controversia, 4,5) Das zweite Exempel sollte Geschichte machen und als Denkfigur bis hin zu Ernst Blochs Spuren-Erzählung „Raffael ohne Hände" immer wieder traktiert werden: „Einem Frevler (Tempelräuber) sollen die Hände abgeschlagen werden. Die Eleer nahmen von den Athenern Phidias in Empfang, damit er ihnen eine Statue des olympischen Zeus errichte. Es wurde vereinbart, daß sie entweder Phidias oder 100 Talente zurückgeben. Nachdem die Statue fertig war, behaupteten die Eleer, Phidias habe Gold gestohlen, und schlugen ihm, als ob er ein Frevler (Tempelräuber) wäre, die Hände ab. Verstümmelt gaben sie ihn den Athenern zurück. Die Athener verlangen 100 Talente. Die Eleer widersprechen." (Seneca d. Ältere, controversia, 8,2)

Es dauerte nicht lange, so setzte heftige Kritik an dieser bald auch als Verfall empfundenen Ästhetisierung der Rhetorik ein, Petronius (1. Jh. n. Chr.), der ältere Seneca und Tacitus (um 55–116/20) gehörten zu den prominentesten Kritikern dieser *corrupta eloquentia,* und von der Diagnose des Verfalls geht auch ein Autor aus, der für die Therapie der verdorbenen Beredsamkeit die weitreichendsten Konzepte entwickelt hat: Marcus Fabius Quintilianus (um 35–100 n. Chr.). Er war der einflußreichste und berühmteste Rhetorik-Lehrer Roms; Plinius, Juvenal, Tacitus zählten zu seinen Schülern, Kaiser Vespasian übertrug ihm den ersten öffentlich besoldeten Lehrstuhl in der europäischen Bildungsgeschichte, und Domitian legte die Erziehung der Thronfolger in seine Hände. „Quintilian, du bester Lehrer der unbeständigen Jugend, / Quintilian, du Stolz der römischen Toga" (Martial, Epigramme, II,90), rühmte ihn Martial, und wenn es überhaupt einen Mann gibt, dem der Titel „Lehrer des Abendlandes" gebührt, so ist er es, der nicht nur selber ein genialer Erzähler war, sondern der am Anfang aller Pädagogik steht und dessen Erziehungsprinzipien von allen seinen Nachfolgern im wesentlichen bloß modelliert und den eigenen Zeitbedingungen angepaßt wurden.

Quintilian hat auch eine eigene, doch verlorengegangene Schrift *Von den Ursachen des Verfalls der Beredsamkeit* verfaßt, deren Gedanken aber in seinem Hauptwerk, der *Ausbildung des Redners* (*Institutio oratoria*), aufgegangen sind. Die Ursachen für den Verfall der Rhetorik sah er in einer allgemeinen Verderbnis der Sitten, die sich in den Schulen besonders schwerwiegend auswirke. Die Eitelkeit der Eltern und der Ehrgeiz der Lehrer, die jungen Redetalente öffentlich glänzen zu sehen, ergäben eine fatale Verbindung. Doch diese Welt der „Zauberer, Pestilenzien, Orakelworte, Stiefmütter" (Quintilian, Ausbildung des Redners, 2,10,5) halte der Realität nicht stand. „Jene Erscheinungen [...], wie verrenkt sie auch immer sind, bestaunen wir als erlesener, nicht anders als bei manchen Herren verkrüppelte und irgendwie entstellte Körper höher im Preise stehen als solche, die von den Vorzügen ihres Aussehens nichts eingebüßt haben. Glauben doch auch Leute, die sich vom Schein blenden lassen, die Schönheit bei Menschen, die ihre Haare am Körper glatt ausrupfen, sich Locken brennen und in Farbe erstrahlen, die nicht ihr eigen ist, sei größer als die unverdorbene Natur verleihen kann, so daß es scheint, als käme die Schönheit des Körpers von der sittlichen Mißgestalt des Geistes." (Quintilian, Ausbildung des Redners, 2,5,11 ff.)

Diese verkehrte Welt wieder zu berichtigen, hat sich Quintilian vorgesetzt, aus durchaus politischen Motiven: auch der Topos vom Redner als einem Mann „von echtem Bürgersinn und Eignung für die gemeinsamen und persönlichen Verwaltungsaufgaben" (Quintilian, Ausbildung des Redners, Vorr. 10.) findet sich bei ihm und will ernst genommen sein. In seiner *Institutio oratoria* beschritt Quintilian den Weg, der auch später immer wieder begangen werden sollte, wenn sich die demokratische Opposition zur Machtlosigkeit gezwungen sah: die Änderung der politischen Verhältnisse soll über die Änderung der Erziehung und der Bildungsinstitutionen erreicht und ihre Träger sollen mit den künftigen Generationen herangezogen werden. Die Erziehung der Schüler auf das Ideal des Ciceronianischen perfectus orator hin, den Quintilian auch mit den Worten Catos als einen „Ehrenmann, der reden kann" (Quintilian, Ausbildung des Redners, 12,1,1) (*vir bonus dicendi peritus*), bezeichnet, ist also Mittel zu einem sehr viel weiterreichenden Zwecke. Die Verknüpfung des Bildungsgedankens mit der Redekunst hatte Cicero vorbereitet, doch Quintilian war es erst, der daraus eine konsequente rhetorische Pädagogik und ihre auf der imitatio beruhende Didaktik entwickelte.

Ausgehend von der aristotelischen Überzeugung, daß Tugend durch lang andauernde Gewöhnung lehrbar sei, entwirft er ein Erziehungsprogramm, das schon das Kleinkind einbezieht und dessen Spracherwerb durch selber einwandfrei sprechende Ammen und Erzieher gewährleistet sehen möchte. Schon das fünfjährige Kind kommt dann in die Schule und damit in die Obhut des möglichst besten Rhetors, denn gerade die kindliche Erziehung entscheidet über alle späteren Fähigkeiten. Spielerisches Lernen, Ablehnung autoritärer Lehrmethoden und Empfehlungen zur Lernmotivation durch Freude am eigenen Erfolg oder durch das Lob jeder guten Leistung sowie die strikte Ablehnung der Prügelstrafe kennzeichnen die wegweisende rhetorische Pädagogik, so daß noch Friedrich Schiller seinen Sohn nach ihren Prinzipien zu erziehen gedachte. Die rhetorischen Erziehungsinhalte reichen vom Spracherwerb, der sittlichen Erziehung zum Guten bis hin zu einer gründlichen Ausbildung in allen wichtigen Wissensbereichen (den *artes liberales*), sodann in der rednerischen Theorie und Praxis. Philosophie, besonders Moral- und Naturphilosophie sowie Logik, erhält propädeutische Funktion.

Das meiste an Quintilians Rhetorik ist nicht neu, doch stellt sein Lehrbuch die umfassendste Systematisierung der überlieferten Doktrinen, Regelwerke und theoretischen Ansätze dar, die die Antike hinterlassen hat. Rhetorik gilt ihm als grundlegende „sittliche Leistung“ und als „Kunst der praktischen Betätigung oder politischen Lenkung“ (Quintilian, Ausbildung des Redners, 8, Vorrede 6), sie zielt also immer auf Praxis und bedarf daher nicht des übertriebenen pompösen Schmucks asianistischer Prägung. Stilideal und rednerisches Vorbild zugleich bleibt Cicero, dessen Orientierung an der Gerichtspraxis von Quintilian als Antidot gegen die Prunk- und Schau-Rhetorik seiner Zeit empfohlen wird. Der Handlungsbezug ist überall interesseleitend, wenn sich in ihm auch nicht die rhetorische Ausbildung erschöpft. Besonderes Gewicht legt der römische Rhetorikprofessor freilich auf das Studium der Literatur, die ihm als ein besonders ausgezeichnetes Medium humanistischer Bildung erscheint. Das berühmte 1. Kapitel des 10. Buches der *Institutio oratoria,* ein Abriß der antiken Literaturgeschichte, verzeichnet die zur Nachahmung (*imitatio*) und Überbietung (*aemulatio*) empfohlenen Musterautoren. Nimmt man alles zusammen, so ergeben sich für die spätere selektierende Überlieferung freilich Ansatzpunkte genug zu einer Literarisierung und Ästhetisierung der Rhetorik, die Quintilians Ziel nicht war und die tatsächlich eine Schwundstufe seines umfassenden, auch die rhetorische Argumentation und Topik einbeziehenden Systementwurfs darstellt.

5. Ästhetisierung der Rhetorik im Zeichen des Erhabenen: Pseudolongin

Sehr viel radikaler hat ein anderer Theoretiker die Rhetorik zur Literaturtheorie verändert, und auch seine Wirkungsgeschichte reicht bis in die Neuzeit des 18., 19. Jahrhunderts: ich meine den Verfasser der Schrift *Vom Erhabenen*, mit welchem man lange Zeit Kassios Longinos, einen Autor des ersten nachchristlichen Jahrhunderts, identifiziert hat, doch weder er noch einer der anderen bekannten Rhetoren ließ sich einwandfrei als Urheber des nur fragmentarisch überlieferten Buches erweisen, dem hier wenigstens ein Seitenblick gelten soll. Pseudolonginos, wie man den unbekannten Verfasser heute zu nennen gewohnt ist, gehört ebenfalls zu den Kritikern der *corrupta eloquentia*, und sein Hauptaugenmerk richtet sich auf die Entstehung des Großen und Erhabenen, die ein besonders augenfälliges Opfer der herrschenden manieristischen Schwulstrhetorik darstellte. Dagegen nennt er als fünf wahre Quellen der erhabenen Sprachkunst: eine große Seele; die Kraft zur gedanklichen Konzeption; starkes, begeistertes pathos; die besondere Bildung der Figuren; schließlich die würdevoll-hohe Satzfügung. Doch eben jene Kraft und Begeisterung lassen sich nicht künstlich erzeugen, sie müssen in der charakterlichen Größe und dem göttlichen Verlangen nach Grenzüberschreitung ihren Ursprung haben. In diesen Gedanken haben spätere Autoren die Umrisse einer frühen Genielehre erkennen wollen („Das Erhabene ist der Widerhall einer großen Seele.“ [Quintilian, Ausbildung des Redners, 2,18,5]), und zusammen mit dem ausschließlich literarischen Bildungsprogramm, das Pseudolonginos für seinen erhabenen Redner entwirft, finden wir in seiner Schrift die Ästhetisierung der Rhetorik sehr weit vorangetrieben. Bewunderung und Staunen gelten ihm als die einzigen wahren Wirkungsintentionen der erhabenen Rede, und sie werden besonders eindrücklich und erfolgreich durch das überraschende, das plötzlich hereinbrechende Unerwartete und Außergewöhnliche erregt. Denn das Erhabene grenzt ans Göttliche, in ihm erleben wir „Höhepunkt und Gipfel der Rede". (Pseudo-Longinos, Vom Erhabenen, 9,2)

Der Kreis der römischen Rhetorik ist damit weitgehend ausgeschritten, auch in der Spätantike ändert sich an ihrer Verfassung und ihrem Status nichts Wesentliches mehr. Ihr Ort bleibt die Schule, und der dreistufige Bildungsgang (Elementarunterricht im Lesen, Schreiben und Rechnen beim Schulmeister; grammatischer Lehrgang beim Philologen; Redeunterricht beim Rhetor) schließt mit einem mehrjährigen Rhetorik-Programm ab, an welchem nur eine Elite junger Männer teilnehmen konnte. „Der Rhetoriklehrer begann mit Aufsatzübungen, den sogenannten Prosymnasmata; er führte sodann in die rhetorische Theorie ein, in ein Lehrgebäude, das vor allem Stilregeln und Argumentationstechniken vermittelte, und veranschaulichte diese Vorschriften mit Hilfe der Lektüre klassischer Redner. Den Höhepunkt und Abschluß seines Unterrichts bildeten die Vorträge, welche die Schüler über gegebene Themen anzufertigen hatten, die [...] meletai (‚Übungsreden') oder Deklamationen." (Fuhrmann, Spätantike, S. 82)

V. Das System der antiken Rhetorik

1. Voraussetzungen

Die Rhetorik ist, unbeschadet ihres erfahrungswissenschaftlichen Status (oder gerade deswegen), immer eine höchst systemfreudige Disziplin gewesen, und es gibt kaum einen Redelehrer oder theoretischen Autor, der nicht seinen Ehrgeiz in Modifikationen, Erweiterungen oder in die Konzentration der überlieferten Systementwürfe gesetzt hätte oder nicht zumindest bei der Differenzierung und Definition einzelner Systemteile seine eigenen Ansichten und Ordnungsvorstellungen zur Geltung gebracht hätte. Besonders die Figurenlehre, der im allgemeinen ausführlichste und differenzierteste Teil der Rhetorik, bot sich für solche Absichten geradezu an. Angesichts dieser Sachlage erstaunt dafür die Konstanz des Systems in seinen wichtigsten Bestandteilen um so mehr. Die Bindung an die Schule und die universale Geltung der *officia oratoris*, der rednerischen Aufgaben, begünstigten die Entwicklung und Festigung eines Lehrgebäudes, dessen einzelne Zimmer zwar hier und da ummöbliert und modernisiert wurden, dessen Grundriß und Aufbau aber über mehr als 2000 Jahre nahezu unverändert bleiben konnten. So daß noch Heinrich Lausberg in seinem bahnbrechenden *Handbuch der literarischen Rhetorik* (1960) mit Recht konstatieren durfte, daß die „Phänomen-Breite der Antike" sogar den „wurzelhaften Einbau auch nachantiker Detailphänomene" erlaube, mit anderen Worten: das Lehrgebäude der antiken Rhetorik sei so groß und variationsfähig, daß es sich noch für die moderne Reflexion über Literatur und Sprache „lebensfähig und fruchtbar" erweise (Lausberg, Handbuch der literarischen Rhetorik, S. 7). Die Grundlage aller theoretischen und praktischen Beschäftigung mit der Rhetorik bleibt daher ihre systematische Entfaltung in der Antike, und wenn auch jedes Ordnungsschema, das die verschiedenen Entwicklungsstufen in eine gemeinsame und einheitliche Ebene projiziert, die historischen Verhaltnisse mißachtet, bleibt die Sammlung und Klassifizierung des antiken Wissens über die Rhetorik in einem künstlichen gedanklichen System eine wissenschaftlich legitime und didaktisch sinnvolle Aufgabe, die sich in unserem Rahmen freilich nur umrißartig bewältigen läßt.

Der Redner bedarf freilich nicht nur der rhetorischen Fertigkeiten im engeren Sinne, sondern erlangt seine wahre Bildung durch den Erwerb eines umfangreichen Wissens, der in einem Kanon von Lehrgegenständen (*enkyklios paideia*) zusammengefaßt wurde: „die Vollendung aller Wissenschaften, bestehend aus Grammatik, Rhetorik, der Philosophie [...] und den vier ihr untergeordneten Künsten, der Arithmetik, der Musik und der Geometrie und der am Himmel schreitenden Astronomie selbst." (Tzetzes: Historiarum variarum chiliades XI, 377, 526ff.) Die vom Redner erwartete Allgemeinbildung gründet sich auf diesen sieben freien Künsten (*septem artes liberales*), die sich aus den Fächern des Triviums und Quadriviums zusammensetzen. Die Aneignung der wesentlichen Teile des gesamten Bildungsguts versetzt den Redner erst in den „Vollbesitz der Einsicht und Gelehrsamkeit" (Cicero, Über den Redner, 3,122) – und dies auf jedem Forum: vor Gericht, vor der Volksversammlung, vor der Festgesellschaft.

2. Die Redegattungen

Drei *Redegattungen* haben die antiken Rhetoriker unterschieden: die Gerichtsrede (*genus iudiciale*), die politische Rede (*genus deliberativum*) und die Fest- oder Prunkrede (*genus demonstrativum*). Jede Rede ist entscheidungs- und handlungsbezogen, ob der Gegenstand zweifelhaft ist, weil eine Tat in der Vergangenheit ungeklärt blieb, oder ob man deshalb nicht sicher sein kann, weil erst die Zukunft das Richtige oder Falsche erweisen wird, jedesmal bemüht sich der Redner, im Sinne seiner eingestandenermaßen parteilichen Einsicht, den Streitfall zur Entscheidung zu bringen. Das gilt, wenn auch abgeschwächt, selbst für die dritte Redegattung, die als Lob- oder Tadelrede (Festrede) sich zwar auf einen allgemeinen Konsens oder Dissens bezieht, aber ebenfalls verstärkend, abschwächend und relativierend wirken kann, so daß sich das Publikum zur Einstellungsveränderung oder zur Bestätigung seiner Meinung geführt sieht. Auch zur ästhetischen Beurteilung der rhetorischen Demonstration selber kann sich der Adressat der Festrede aufgerufen fühlen, so daß seine Entscheidung jetzt über die Kunstfertigkeit des Redners ergeht.

Unter dem Einfluß des Christentums entstand in der Spätantike als vierte Hauptgattung die geistliche Rede oder Predigt (*genus praedicandi*), die die christliche Botschaft an Gläubige und Ungläubige zu verkündigen und sich mit dem Glaubenszweifel auseinanderzusetzen hatte. Wie bei dieser Einteilung ganz aristotelisch „der Zuhörer [...] richtunggebend" ist (Aristoteles, Rhetorik, 1358b I,3), der sich betrachtend oder beurteilend verhält, so auch bei einer zweiten Gliederung der Redegegenstände, die den Grad angibt, in dem ein Thema oder Problem vom Adressaten akzeptiert wird. Trifft der Redegegenstand auf keinen inneren Widerstand, spricht man vom *genus honestum;* gilt es zunächst, die Interesselosigkeit am Thema zu überwinden, hat man sich mit dem *genus humile* auseinanderzusetzen; ist der Gegenstand ungewiß, „doppelköpfig", so daß sich das Publikum unentschieden zeigt, liegt ein *genus dubium* oder *anceps* vor; schockierende Fragen gehören zum *genus admirabile,* und schwer durchschaubare Probleme fallen unter das *genus obscurum,* das daher eine besondere rednerische Kunstfertigkeit verlangt.

3. Die Produktionsstadien der Rede: inventio

Die Produktionsstadien der Rede bilden das wichtigste systematische Einteilungsprinzip der Rhetorik. Am Anfang steht die Erkenntnis des Themas. Aus der Fülle der Ereignisse und Situationen (*materia*) muß zunächst die Hypothese gewonnen werden, die den Einzelfall konturiert (z. B. einen Grundwiderspruch), sodann muß der Redner den einzelnen Streitstand (*status*) ermitteln, den strittigen Punkt und seine Zugehörigkeit zu den Redegattungen (also etwa der politischen oder der forensischen Rede) beziehungsweise, im Falle der Gerichtsrede, seine Zuordnung zu juristischen Tatbeständen. Der Arbeitsprozeß selber umfaßt erstens das Auffinden aller zur wirkungsvollen Behandlung des Gegenstandes nötigen Argumente und Materialien (*inventio*), wobei der Autor deren Stichhaltigkeit und jeweilige Tauglichkeit für die verschiedenen Redeteile schon jetzt überprüft. Zur möglichst vollständigen Erforschung und Sammlung der jeweils gewünschten Beweismittel steht dem Redner ein eigenes System von Suchkategorien (*Topik*) zur Verfügung, die personen- oder problembezogen alle möglichen Fundorte für Argumente, Belege oder Beweise erschließen. Rhetorische Argumentationskunst erwächst aus der Topik, in welcher der soziale Konsens oder der Konsens einzelner sozialer Gruppen sich in Denk-, Wahrnehmungs- und Handlungsmustern sedimentiert hat und einen verfügbaren Fundus von Meinungswissen (*endoxa*) darstellt. Dieser „ganze topische Bereich von Leben und Sitte (muß) vom Redner gründlich studiert werden." (Cicero, Rhetorik oder von der rhetorischen Erfindungskunst, 1, 69)

Die römische Rhetorik hat die differenzierte Beweislehre, wie sie besonders Aristoteles in seiner *Topik* ausgeführt hat, für die pragmatischen Redezwecke vereinfacht und die topoi oder loci in personen- oder sachbezogene Argumentationsmuster unterteilt.

In der Anzahl der Fundstätten weichen Cicero und Quintilian leicht voneinander ab. Cicero hält die Menge der Fundstätten für begrenzt, da sich jeder spezielle Fall auf einen allgemeinen zurückführen läßt. Dem erwidert Quintilian, daß sich manche Beweisformen nur ermitteln lassen, wenn man mehr der Führung der Natur als der Führung der Kunst folgt: „zumal ja die meisten Beweisformen sich nur so, im ganzen Gefüge der Fälle verflochten, finden lassen, daß sie mit gar keinem anderen Rechtsfall gemeinsam sind und dieses gar die durchschlagendsten und am wenigsten geläufigen Beweise sind, weil wir das, was allgemein gilt, aus den Regeln gelernt haben, das Eigentümliche aber im Einzelfall selbst finden müssen." (Quintilian, Ausbildung des Redners, 5,10,103) Quintilian hält damit die Möglichkeit offen, daß es Beweisgründe gibt, die in den Suchformeln nur sehr vage oder gar nicht erfaßt sind.

Die Gesamtmenge der Suchformeln wird nach Quintilian eingeteilt in die aus der Person und die aus der Sache sich ergebenden Fundstätten (*loci a persona* und *loci a re*), „denn es gibt keine Untersuchung, die nicht entweder mit einer Sache zu tun hat, oder mit einer Person". (Quintilian, Ausbildung des Redners, 5,8,4) Zu bemerken ist noch, daß die loci in keiner Weise in der Art ihrer Nutzung eingeengt sind, sofern man vom ethos des vir bonus absieht: in der Gerichtsrede ebenso wie in der politischen Rede können sie von beiden Parteien jeweils gemäß der eigenen Nützlichkeit verwendet werden.

4. Beweisgründe: loci a persona und loci a re

Die Suchkategorien und Beweisgründe, die sich nach dem Bezug auf die Person richten (*loci a persona*), werden von Quintilian folgendermaßen unterteilt:

dt.	lat.	Erläuterungen und Beispiele
Geschlecht	*genus*	Die Abstammung (Eltern und Vorfahren) kann für bestimmte Verhaltensweisen als Grund herangezogen werden. (Vgl. Quintilian, 5,10,24) Beispiel: „Ein Douglas vor meinem Angesicht / Wär ein verlorener Mann." (Fontane)
Nationalität	*natio*	Geburt und Herkunft in bezug auf die Zugehörigkeit zu einem bestimmten Volk, „denn auch die Völker haben ihre eigentümlichen Lebensgrundsätze, und dieselben Dinge haben bei einem Barbaren, Römer oder Griechen nicht die gleiche Überzeugungskraft". (Quintilian, 5,10,24) Beispiel: „Die Weißen denken zuviel." (Spruch der Dogon, eines sudanesischen Volksstammes)

dt.	lat.	Erläuterungen und Beispiele
Vaterland	*patria*	Gesetze, Sitten, Gebräuche, Auffassungen, Lebensformen u. ä. können von Staat zu Staat stark unterschiedlich sein. (Vgl. Quintilian, 5,10,25) Beispiel: „Den Deutschen hat man vorgeworfen, daß sie bald den Franzosen, bald den Engländern nachahmen: das ist aber gerade das Klügste, was sie tuen können: denn aus eigenen Mitteln bringen sie doch nichts Gescheutes zu Markte." (Schopenhauer)
Geschlecht	*sexus*	Unterschiedliche Verhaltensweisen von Männern und Frauen können geschlechtsspezifisch bedingt sein. (vgl. Quintilian, 5,10,25) Beispiel: „Seit wann braucht eine Frau zum Reden eine Ursach." (Nestroy)
Alter	*aetas*	Bestimmte Verhaltensweisen können unter Umständen altersbedingt sein. (Vgl. Quintilian, 5,10,25) Beispiel: „Jede Periode des Lebens hat ihre Leidenschaften. Das Alter, das man für das Weiseste halten sollte, hat gewöhnlich die schmutzigsten." (Seume)
Erziehung und Ausbildung	*educatio et disciplina*	Erziehung und Ausbildung sind entscheidende Faktoren für bestimmte Verhaltens- und Denkweisen. (Vgl. Quintilian, 5,10,25) Beispiel: „Jeder bekommt seine Kindheit über den Kopf gestülpt wie einen Eimer. Später zeigt sich, was darin war. Aber ein ganzes Leben lang rinnt das an uns herunter, da mag einer die Kleider oder auch Kostüme wechseln wie er will.

dt.	lat.	Erläuterungen und Beispiele
		Der Mann, dessen Leben hier erzählt werden soll – sein Fall hat innerhalb der deutschen Grenzen und noch darüber hinaus einige Neugier erregt, als hintenach die Sachen genauer bekannt wurden –, dürfte fast einen Beleg dafür abgeben, daß man des bewußten Eimers Inhalt nimmer abzuwaschen vermag.“ (von Doderer)
Körperbeschaffenheit	*habitus corporis*	Die körperliche Beschaffenheit kann (ebenso wie die seelische) Grunde für das Verhalten der Person liefern. (Vgl. Quintilian, 5,10,26) Beispiel: „Es ist der Geist, der sich den Körper baut.“ (Schiller)
Schicksal	*fortuna*	Bei diesem Fundort wird untersucht, ob jemand in schicksalhafter Art und Weise vom Glück oder Unglück verfolgt ist. (Vgl. Quintilian, 5,10,26) Beispiel: „Das Glück war niemals mit den Hohenstaufen.“ (Raupach)
Soziale Stellung	*conditionis*	Die soziale Stellung liefert Stoff für Beweise, weil es einen Unterschied macht, ob jemand „berühmt oder unbekannt, in einem Amt stehend oder privat, Vater oder Sohn, Bürger oder Ausländer, frei oder Sklave, Ehemann oder Junggeselle, kinderreich oder kinderlos ist“. (Quintilian, 5,10,26) Beispiel: „Der Blick des Sklaven ist abgünstig für die Tugenden des Mächtigen: er hat Skepsis und Mißtrauen, er hat Feinheit des Mißtrauens gegen alles ‚Gute‘, was dort geehrt wird –, er möchte sich überreden, daß das Glück selbst dort nicht echt sei. Umgekehrt werden die Eigenschaften her-

dt.	lat.	Erläuterungen und Beispiele
		vorgezogen und mit Licht übergossen, welche dazu dienen, Leidenden das Dasein zu erleichtern: hier kommt das Mitleiden, die gefällige hilfsbereite Hand, das warme Herz, die Geduld, der Fleiß, die Demut, die Freundlichkeit zu Ehren –, denn das sind hier die nützlichsten Eigenschaften und beinahe die einzigen Mittel, den Druck des Daseins auszuhalten. Die Sklaven-Moral ist wesentlich Nützlichkeitsmoral." (Nietzsche)
Wesensart	*animi natura*	Die Wesensart einer Person, ob sie beispielsweise habgierig oder großzügig, streng oder milde ist, steht hier im Mittelpunkt der Beweisfindung. (Vgl. Quintilian, 5,10,27) Beispiel: „Winnetou ist kein Lügner, sondern ein edler Krieger, der sein Wort nie brechen wird." (Karl May)
Beruf	*studia*	Quintilian meint hier den Beruf oder „auch die Art der Betätigung; denn Bauer, Anwalt, Geschäftsmann, Soldat, Seemann und Arzt haben ganz verschiedene Wirkungsmöglichkeiten". (Quintilian, 5,10,26) Beispiel: „Der Arzt nennt die Ehe ein verkehrtes Fieber, das mit Hitze anfängt und mit Kälte endet. Der Chemiker: eine einfache Wahlverwandtschaft. Der Apotheker: ein niederschlagendes Pulver. Der Mathematiker: eine Gleichung, wo bei zwei gegebenen Größen sich leicht eine dritte findet. Der Jurist: ein Kontrakt." (Fliegende Blätter)
Neigungen	*quid affectet quisque*	Wörtlich: was jemanden anzieht. Vorlieben und Abneigungen einer Person können

dt.	lat.	Erläuterungen und Beispiele
		Beweisgründe für dessen Handlungs- und Denkweise bieten. (Vgl. Quintilian, 5,10,28) Beispiel: „Ich bin durchaus nicht zynisch, ich habe nur Erfahrung – das ist so ziemlich dasselbe." (Wilde)
Vorgeschichte	*ante acta dicta*	Wörtlich: das vor der Tat Gesagte. Die Vorgeschichte einer Person, also das, was sie früher gesagt oder getan hat, liefert Stoff für Beweisgründe. (Vgl. Quintilian, 5,10,28) Beispiel: „‚Ich durchlief sechs Klassen der Oberrealschule', versetzte ich leise und anscheinend bekümmert darüber, daß ich ihn befremdet und anscheinend bei ihm angestoßen hatte. ‚Und warum nicht die siebente?' Ich senkte mein Haupt; und von unten herauf warf ich ihm einen Blick zu, der wohl sprechend gewesen und seinen Empfänger ins Innere getroffen haben mag." (Th. Mann)
Namen	*nomen*	Manche Namen, besonders Bei- und Spitznamen, lassen Rückschlüsse auf den Charakter des Trägers zu. (Vgl. Quintilian, 5,10,30) Beispiel: „Wilhelm Meisters Lehrjahre" (Goethe)

Die einzelnen Fundorte sind in jeder Argumentation, die sich mit Personen, ihrem Verhalten, ihren Entscheidungen und Charakteren befaßt, richtungsweisend. In der Regel wird ein Redner oder Autor mehrere *Funde* sammeln und dann zu einer Argumentationskette verarbeiten. Die Stilkategorien, die sich aus den Sachen ergeben (*loci a re*), hat Quintilian in zehn Klassen unterteilt.

„Ich gehe nun zu dem Sachbereich über, innerhalb dessen

vor allen Dingen unsere Handlungen mit Personen verbunden sind und diese deshalb zuerst behandelt werden müssen. Bei allem nun, was getan wird, dreht es sich um die Fragen: Warum?, wo?, wann?, wie? und mit welchen Mitteln? ist es getan worden?" (Quintilian, 5,10,32)

loci a causa: Beweise, die aus den Gründen geschehener oder auch künftiger Handlungen gewonnen werden.
Beispiel: „Den Stoff, aus dem diese Gründe bestehen [...], teilt man in zwei Gattungen, deren jede wieder in vier Formen in Erscheinung tritt. Denn in der Regel dreht es sich bei dem Grund für eine Tat um Gewinnen, Steigerung, Erhalten und Gebrauch von Gütern oder um das Meiden, Freimachen, Vermindern oder Ertragen von Übeln. [...] Zuweilen kommen auch noch zufällige Mängel hinzu, Trunkenheit, Unwissenheit, die manchmal zur Entlastung beitragen, manchmal zum Erweis der Anschuldigung, wenn z. B. jemand, während er einem Mann auflauerte, einen andern umgebracht haben soll." (Quintilian, 5,10,33–34)

loci a loco: Beweise, die sich vom Ort herleiten.
Beispiel: „Es kommt nämlich bei der Glaubwürdigkeit einer Beweisführung in Betracht, ob der Ort gebirgig oder eben, am Meer oder mitten im Land, bepflanzt oder unbebaut, begangen oder verlassen, nahe oder entfernt, für die Pläne günstig oder ungünstig gelegen ist." (Quintilian, 5,10,37)

loci a tempore: Beweise, die sich von der Zeit herleiten.
Beispiel: Quintilian hält diesen Fundort besonders in Hinblick auf die Gerichtsrede für bedeutend, da die Zeit hier häufig unwiderlegbare Beweise liefert, „wenn etwa [...] ein Unterzeichner angegeben wird, der schon vor dem Datum der Urkunde verstorben ist oder etwas begangen haben soll, als er entweder noch ein kleines Kind oder gar überhaupt noch nicht auf der Welt war". (Quintilian, 5,10,44)
Kombiniert mit den loci a loco können die loci a tempore beispielsweise einen entscheidenden Alibinachweis ergeben.

loci a modo: Beweise, die sich aus der Art und Weise des Geschehens herleiten.

Beispiel: „Owen Fitzstephan hat nie wieder mit mir gesprochen. Er lehnte es ab, mich vorzulassen, und als Eingesperrter dann, als ihm das nicht mehr möglich war, machte er den Mund zu und nicht wieder auf. Dieser plötzliche Haß gegen mich – denn damit hatte ich es zu tun – war, so vermutete ich, aus seinem Wissen erwachsen, daß ich ihn für geisteskrank hielt. Die übrige Welt – oder zumindest das Dutzend Männer, die in seinem Prozeß als Geschworene die Welt repräsentierten – sollte glauben, er sei verrückt gewesen, und davon hat er sie auch vollauf überzeugt; aber daß auch ich dieser Ansicht wäre, wollte er nicht.“ (D. Hammett)

loci a facultate: Beweise, die sich von der Möglichkeit herleiten. Hierzu zählt Quintilian die bloße äußere Durchführung der Tat und die Tatwerkzeuge.

Beispiel: „Man hatte zwei neue Zeugen gefunden, die ihn an jenem Morgen von der Rückseite des Cottonschen Hauses hatten weggehen sehen, und einen dritten, der seinen Wagen als denjenigen wiedererkannte, der die ganze vorhergehende Nacht – oder den ganzen letzten Teil der Nacht – vier Straßen weiter geparkt hatte. Stadt- und Kreis-Staatsanwalt waren sich einig, daß anhand dieser Indizien der Fall Cotton die sicherste Anklage gegen ihn ergebe.“ (D. Hammett)

loci a finitione: Beweise, die sich aus der Definition oder Abgrenzung herleiten.

Beispiel: „Bei allen Erscheinungen, nach deren Bedeutung und Wesen man fragt [...], müssen drei Fragen ganz zweifellos jedenfalls in Betracht gezogen werden: ob etwas ist, was es ist, und von welcher Art es ist. [...] Man kann also Beweise aus der Definition oder Abgrenzung herleiten; denn beide Bezeichnungen (definitio und finis) sind üblich. Das kann in zweifacher Weise geschehen: entweder schließt sich nämlich die Frage an die vorangestellte Definition an: ‚Ist dies Tugend?‘, oder sie lautet einfach: ‚Was ist Tugend?‘“ (Quintilian, 5,10,54)

loci a simili: Beweise, die sich von der Ähnlichkeit herleiten.

Beispiel: „Eine Fundstelle für Beweise liegt auch in der Ähnlichkeit: ‚Wenn Selbstbeherrschung eine Tugend ist, dann jedenfalls auch die Enthaltsamkeit.' ,Wenn ein Vormund Vertrauen verlangen kann, dann auch ein Bevollmächtigter.' Dies gehört zu den Beweisketten, die [...] bei Cicero Induktion [heißen]." (Quintilian, 5,10,73)

loci a comparatione: Beweise, die sich aus dem Vergleich herleiten.

Beispiel: „Beisatz- oder Vergleichungsbeweise nennt man diejenigen, die Kleineres aus Größerem, Größeres aus Kleinerem, Gleiches aus Gleichem erweisen. Eine Vermutungsfrage wird durch die Vergleichung mit Größerem gestützt: ,Wenn jemand einen Tempelraub begeht, so wird er ja auch einen Diebstahl begehen'; mit Kleinerem: ,Wer leicht und in aller Öffentlichkeit lügt, wird auch einen Meineid schwören', oder mit Gleichem: ,Wer Geld genommen hat für einen Urteilsspruch, wird es auch für ein falsches Zeugnis nehmen'." (Quintilian, 5,10,87)

loci a fictione: Beweise, die sich von fingierten Annahmen herleiten.

„Hier scheint es mir nötig, noch anzumerken, daß Beweise nicht nur von zugestandenermaßen Geschehenem, sondern auch von nur Unterstelltem hergeleitet werden [...]" (Quintilian, 5,10,95)

Beispiel: „,Das ergibt keinen Sinn', sagte ich. ,Das ist doch vollkommen verdreht. Wenn wir unsern Mann – oder unsere Frau – schnappen, wird sich zeigen, daß es ein Depp ist, und statt an den Galgen kommt der- oder diejenige dann in die Klapsmühle.'

,Das ist mal wieder typisch für dich', sagt Owen Fitzstephan. ,Du bist wie vor den Kopf geschlagen, verblüfft, entgeistert. Gibst du nun etwa zu, daß du auf einen gestoßen bist, der dir an Schlauheit über ist? Nein, du nicht! Er hat dich überlistet, also ist er schwachsinnig oder irre. Wirklich, mein Lieber! Die Bescheidenheit einer solchen Einstellung ist nun allerdings einigermaßen überraschend.' ,Aber es muß doch ein Trottel sein', beharrte ich. ,Sieh mal: Mayenne heiratet...' ,Willst du den ganzen Katalog etwa nochmal herbeten?' fragte er angewidert." (D. Hammett) *loci a circumstantia:* Beweise, die sich von den Umständen herleiten.

Die loci a circumstantia werden nach Quintilian dann als Fundorte herangezogen, wenn die oben genannte Reihe der loci nicht ausreicht, um den individuellen, komplexen und konkreten Einzelfall in einem ausreichenden Maße zu fassen. Bei dem locus a circumstantia wird vom Redner eine produktive Weiterbildung der bestehenden loci-Lehre erwartet. So sind die Streitfälle, in denen dieser Fundort von Bedeutung ist, äußerst kompliziert.

Beispiel: „Diese Art von Beweisen können wir ja nun benennen als die ‚nach den Umständen' [...] oder auch als Beweise aus dem, was dem Einzelfall eigentümlich ist, z. B. in dem Fall des Priesters, der Ehebrecher war und nach dem Gesetz, nach dem er die Möglichkeit hatte, eine Person vor der Bestrafung zu retten, sich selbst befreien wollte, ist es das Eigentümliche dieser Kontroverse, geltend zu machen: ‚Nicht einen Schuldigen suchtest du zu befreien, weil man ja nach deiner Freilassung die Ehebrecherin nicht töten durfte'; denn dieses Argument bietet das Gesetz, das verbietet, die Ehebrecherin ohne den Ehebrecher zu töten." (Quintilian, 5,10,104)

5. Die Produktionsstadien der Rede: dispositio

Das zweite Arbeitsstadium regelt nach bestimmten Mustern die Gliederung des Stoffes und der Argumente (*dispositio*) unter den leitenden Aspekten der Sachangemessenheit, der Überzeugung des Adressaten und der Redeteile. Wie wichtig die zweckmäßige Anordnung des Stoffes und der Gedanken für die Wirkung der Rede ist, illustriert Quintilian an einem schönen Gleichnis: „Denn auch, wenn alle Glieder gegossen sind, kann daraus erst ein Standbild durch die sachgerechte Errichtung werden, und wenn man an unseren oder anderer Lebewesen Körpern einen Körperteil vertauscht und verlagert, so würde daraus, mag sie auch die gleichen Körperteile haben, dennoch eine unheilkundende Mißgestalt. Auch die Gliedmaßen verlieren, wenn sie nur leicht aus ihrer Lage gebracht werden, ihre Gebrauchsfähigkeit [...]." (Quintilian, Ausbildung des Redners, 7, Vorrede, 2). Der natürlichen Ordnung des Körpers gemäß, sollen auch die Argumente angeordnet werden. Die Rhetorik hat verschiedene Dispositionsmöglichkeiten entwickelt, die von der zweigliedrigen, antithetischen Ordnung bis zu vielgliedriger Aneinanderreihung reichen, wobei die dreigliedrige und die fünfgliedrige Disposition (welch letztere auch der Disposition des klassischen Dramas in fünf Akten zugrunde liegt) besondere Bedeutung erlangten.

6. Die Produktionsstadien der Rede: Stil- und Figurenlehre

Das dritte Arbeitsstadium umfaßt die sprachlich-stilistische Produktion der Rede gemäß der Theorie des rednerischen Ausdrucks (*elocutio*), die das differenzierteste Teilgebiet der Rhetorik ausmacht. Es umfaßt die Figuren und Tropen sowie den Wortgebrauch und die Satzfügung, soweit diese nicht grammatischen, sondern stilistisch-rhetorischen Zwecken dienen. Die wichtigsten Figuren und Tropen sollen hier wenigstens genannt und durch ein Beispiel illustriert werden.

Den ersten Figurenbereich hat Quintilian *grammatische Figuren* genannt, da sie in bezug auf die Sprachkonventionen durch Verstoß gegen die grammatischen Regeln des Wortgebrauchs und der Satzfügung entstehen:
- *Barbarismus:* Verstoß gegen die Sprachreinheit (jemanden ‚outen' für jemanden ‚kaltstellen')
- *Soloezismus:* Verstoß gegen die syntaktische Richtigkeit (wollen wir gehen nach Berlin)

Die Wortfiguren oder Figuren des Ausdrucks (*figurae verborum*) entstehen durch Hinzufügung, Auslassung oder Umstellung. Figuren, die durch Hinzufügung entstehen, sind vor allem die Wiederholungsfiguren:
- *Anapher:* Wiederholung eines Wortes, einer Wortgruppe jeweils zu Anfang eines Satzes oder einer Sinneinheit („Keiner sah zu ihr hin, keiner half ihr." F. Werfel)

- *Gemination:* Verdopplung („Aber wehe, wehe, wehe!" W. Busch)
- *Epipher:* Die wiederholten Worte stehen jeweils am Ende einer syntaktischen Einheit. („Doch alle Lust will Ewigkeit –, will tiefe, tiefe Ewigkeit!" F. Nietzsche)
- *Polyptoton:* Das wiederholte Wort wird phonetisch abgeändert. („Homo homini lupus." Th. Hobbes)

Durch Auslassung gebildete Wortfiguren verlangen die stillschweigende Ergänzung vom Rezipienten.

- *Ellipse:* Sie entsteht durch ein ausgelassenes Wort oder Satzglied, doch bleibt der Sinn durch den Kontext verständlich. („Woher so in Atem?" F. Schiller)
- *Zeugma:* Ein Verb wird auf mehrere unterschiedliche Gedankenabschnitte bezogen. („Er saß ganze Nächte und Sessel durch." J. Paul)

Durch Umstellung gebildete Wortfiguren:

- *Parallelismus:* Parallele Anordnung gleichrangiger Glieder („Ihre Güter zu plündern? Ihre Häuser in Brand zu setzen?" Cicero)
- *Antithese:* Gegensätzliche Anordnung gleichrangiger Glieder („Gott ist Tag und Nacht, Winter und Sommer, Krieg und Frieden, Sättigung und Hunger." Heraklit)
- *Chiasmus:* Parallele Kreuzstellung antithetischer Satzglieder oder Wörter („Gott schuf den Menschen nach seinem Bilde, das heißt vermutlich der schuf Gott nach dem seinigen." G. Chr. Lichtenberg)

Die wichtige Klasse der Gedanken- oder Sinnfiguren betrifft die Gedankenführung, nicht die Wort- oder Satzfügung.

- *Vergleich:* Form der Veranschaulichung durch den Bezug eines meist abstrakten Sachverhalts auf ein einleuchtendes Bild über einen gemeinsamen Vergleichspunkt, tertium comparationis. (Die Gedanken werden mit Worten wie mit einem Kleidungsstück bekleidet.)
- *Frage:* Eine Aufforderung oder Aussage wird in eine Frage gefaßt, auf die keine Antwort erwartet wird. („Wie lange noch, Catilina, willst du unsere Geduld erschöpfen?" Cicero)

- *Ausruf:* Affekterregendes Mittel, das den Schein spontaner Erregung des Redners besonders eindringlich erweckt. („O Zeiten! O Sitten!" Cicero)
- *Ironie:* Diskrepanz zwischen Meinen und Sagen, Sinn und Ausdruck, doch so, daß der Zuhörer oder Leser die Abweichung ahnt oder gar durchschaut. („Du bist mir aber ein schöner Kamerad!")
- *Evidenz:* Detailliertes Entfalten von Umständen oder Geschehnissen, daß man glaubt, Zeuge zu sein. („Eben kamen wir an zwei Arbeitern vorbei, die eine Schiffswelle an die Hebekette legten. Wir sind ein paar Schritte weitergegangen..." E. E. Kisch)
- *Vorstellung abwesender oder anwesender Personen:* Der Redner läßt wirkliche oder fiktive Personen in Rede und Handlung gleichsam selber zu Wort kommen, auch personifizierte Städte, Orte oder Abstrakta können derart redend eingeführt werden. („Die Antwort der Rosenhofstraße hieß: Nazi verrecke!" W. Bredel)
- *Anakoluth:* Die Rede wird abgebrochen und der Gedankengang durch das Verschweigen wichtiger Passagen unterbrochen, aber auch affektisch besonders betont. („Ich komme also – ah, endlich die Suppe! Guten Appetit! tu auf...!" K. Tucholsky)

Von besonderer Wichtigkeit für die Veranschaulichung und den Schmuck der Rede sind die Tropen, die durch übertragene, uneigentliche Redeweise entstehen.

- *Metapher:* Der gebräuchlichste Tropus; er entsteht durch den Austausch des eigentlichen Wortes durch ein ihm ähnliches, und zwar kann nach Quintilian Beseeltes für Beseeltes, Unbeseeltes für Unbeseeltes, Beseeltes für Unbeseeltes und Unbeseeltes für Beseeltes gesetzt werden. („des Königs steinern Herz", L. Uhland; „schwarze Milch der Frühe", P. Celan)
- *Metonymie:* Ersetzung einer Benennung durch eine andere, wobei die bekannten Gegenstände in einer realen Beziehung zueinander stehen wie Ursache – Wirkung; Behälter – Inhalt;

Person – Tätigkeit; Besitzer – Besitz; Bewohner – Ort. („Ich kenne meinen Goethe."; „Trinken wir ein Glas.")
- *Hyperbel:* Übersteigerung der Wahrheit („Eine Ewigkeit warten müssen.")
- *Allegorie:* Sie wird in der Rhetorik auch als erweiterte Metapher gefaßt; ein eigentlicher Sachverhalt wird durch oft mehrere bildliche Zeichen in seiner Gesamtheit illustriert. („Die Zwietracht flieht, die Donnerstürme schweigen, gefesselt ist der Krieg." F. Schiller)

Der Einsatz der Stilmittel, ihre Auswahl und Fülle, wird über ein System von Standards geregelt, die die römische Rhetorik als virtutes bezeichnete.

Sprachrichtigkeit (*puritas*), Deutlichkeit (*perspicuitas*), Angemessenheit an Inhalt und Zweck der Rede (*aptum, decorum*), Redeschmuck (*ornatus*) und Vermeidung alles Überflüssigen (*brevitas*) sind die obersten Stilqualitäten. Um allen Wirkungsintentionen zu entsprechen, hat die Rhetorik zum Teil sehr komplizierte Stillehren entwickelt, ihrer Überzeugung gemäß, daß allein die Fähigkeit, fehlerfrei und deutlich zu reden und zu schreiben, noch nicht die eigentliche und wirkungsvollste Kunst des sprachlichen Ausdrucks ausmacht. Beweisen allein genügt in den seltensten Fällen, den Adressaten zu überzeugen, und in allen Bereichen des öffentlichen Lebens, in Politik und Kultur, kann immer nur ein Konsens über das Wahrscheinliche erreicht, nie eine Wahrheit ermittelt werden. Die Rhetorik lehrt also nicht primär die Kunst des spezialistischen Ausdrucks und einer Schreibweise, die sich allein an ein wissenschaftlich gebildetes Publikum wendet. Der Normalfall ist das Laienpublikum, das zwar auch nicht ungebildet ist, dem aber auf jeden Fall die genaueren Fachkenntnisse fehlen. Die Ausgangslage des antiken Redners unterscheidet sich – zumindest in diesem Punkt – nicht wesentlich von den Grundbedingungen, die ein Journalist in den modernen Massenmedien, ein Autor von Sachbüchern, aber auch ein Politiker oder ein Lehrer in der Erwachsenenbildung vorfindet. Die Aufgabe besteht jedesmal darin, besondere Fachkenntnisse aus den verschiedensten Gebieten oder auch ein spezielles Erfahrungswissen in einer sprachlichen Form mitzuteilen, die sowohl sachangemessen als auch allgemeinverständlich und gegebenenfalls unterhaltsam und wirkungsvoll ist. Es geht dabei nicht um eine Popularisierung im landläufigen Sinne des Wortes, durch die der Gegenstand zwar vereinfacht, aber ebenso trivialisiert wird, so daß er nicht mehr in sachangemessener Weise zum Ausdruck kommt. Vielmehr fällt der Sprache hier die Aufgabe zu, selbst schwierige Tatbestände derart einleuchtend zu formulieren, daß sie auch einem ganz unterschiedlich zusammengesetzten Publikum mit uneinheitlichen Voraussetzungen vermittelt werden können.

7. Das vierte Produktionsstadium: Gedächtnisleistung

Im vierten Stadium der Redeproduktion konzentriert sich der Redner auf das Einprägen der Rede ins Gedächtnis (*memoria*) mittels mnemotechnischer Regeln und bildlicher Vorstellungshilfen. Im abendländischen Bildungssystem spielte die memoria bis in die Neuzeit eine wichtige Rolle beim Unterricht und galt vielfach als die Voraussetzung fürs Studium. Die Gedächtniskunst zu üben war wesentlicher Bestandteil des Unterrichts – als Auswendiglernen und Zitieren der auctores, der vor allem antiken Autoritäten, der Philosophen, Schriftsteller und Dichter. „Wer sich um Gelehrsamkeit müht, muß zugleich mit einer guten *Fassungskraft* und mit einem guten *Gedächtnis* begabt sein. Beide hängen bei jeglichem Studium und bei aller Unterweisung so eng zusammen, daß eines niemanden zur Vollendung führen kann, wenn das andere fehlt [...]. Die Fassungskraft findet die Weisheit, und das Gedächtnis bewahrt sie." (Hugo von St. Viktor, Didascalicon de studio legendi)

Die Lehr- und Handbücher der Rhetorik enthalten oftmals sehr detaillierte Anweisungen der Memotechnik, die vor allem auf bildlichen Vorstellungshilfen beruhen. Quintilian begründet sie aus der Erfahrung, „daß das Gedächtnis dadurch gestützt wird, daß man feste Plätze bezeichnet, an denen die Vorstellung haftet. Denn wenn wir nach einer gewissen Zeit an irgendwelche Örtlichkeiten zurückkehren, erkennen wir nicht nur diese selbst wieder, sondern erinnern uns auch daran, was wir dort getan haben, auch fallen uns Personen wieder ein, ja, zuweilen kehren gar die Gedanken in unseren Geist zurück, die wir uns dort gemacht haben." (Quintilian, Ausbildung des Redners, 11,2,17) Als Beispiel wählt Quintilian dann ein Haus, das in viele Räume aufgeteilt ist, die nun in der Vorstellung mit all den Gedanken gefüllt werden, die wir uns einprägen wollen, um sie jederzeit wieder abrufen zu können. Das geschieht dadurch, daß der Redner bei seinem Vortrag in der Vorstellung alle Teile des Hauses in der Reihenfolge der Stockwerke und Zimmer durchläuft, um so nacheinander deren Inhalte erinnernd präsentieren zu können. Empfohlen wird von den Theoretikern für diese Raumeinteilung meist das fünfgliedrige Schema, das den Redestadien entspricht. Das gilt auch für die „Möblierung" dieser Räume durch Stoffe und Gedanken, die alle darauf abzielen, die im Gedächtnis geordnet gespeicherten Redekomplexe durch bestimmte Merkzeichen, die wie Signale wirken, kenntlich zu machen und ihre Abrufung auf diese Weise sicherzustellen. Diese bildlichen Vorstellungszeichen (*imagines*) sollen in einem inhaltlichen Bezug zum gesamten gespeicherten Redekomplex stehen, also müßte etwa die Erzählung eines Mordfalles durch das besonders signifikante Mordinstrument, den ungewöhnlichen Tatort etc. bedeutet werden; darüber hinaus sollen diese Merkbilder eindringlich und affekthaltig sein. Bis in Emblematik und Moritatentafeln, in Werbespruch und Werbeplakat hinein reichen die Derivate einer auf imagines gegründeten Memorierkunst.

8. Das fünfte Produktionsstadium: Der Vortrag

Das fünfte und letzte Produktionsstadium besteht in der Verwirklichung der Rede durch Vortrag (*pronuntiatio*), Mimik, Gestik und sogar Handlungen (*actio*). Diesen Anforderungen entsprechend entwickelte die Rhetorik eine ausgefeilte Sprechtechnik und die körperliche Beredsamkeit. „Der äußere Vortrag, sage ich, hat in der Beredsamkeit die größte Macht, ohne ihn kann der größte Redner in keinen Betracht kommen, mit ihm ausgerüstet der mittelmäßige oft über den größten siegen." (Cicero, Über den Redner, 3,21)

9. Die Redeteile

Die Redeteile (*partes orationis*) bilden einen zweiten Schwerpunkt systematischer rhetorischer Theoriebildung. Sie bestehen aus Einleitung (*exordium*), der Darlegung des Sachverhalts oder der Erzählung des Geschehens (*narratio*), der Argumentation und Beweisführung (*argumentatio*), schließlich dem Redeschluß (*conclusio, peroratio*). Die Kunst der Übergänge (*transgressio, transitus*) verhindert das Auseinanderfallen in selbständige Teile. Der Anfang der Rede entscheidet oft schon über den Erfolg und dient zugleich der Einführung in das Thema wie der Gewinnung des Publikums. Das exordium soll entweder die Aufmerksamkeit der Adressaten erregen (*attentum parare*), ihre Gelehrigkeit erwecken (*docilem parare*) oder ihr Wohlwollen erlangen (*captatio benevolentiae*). Ist der Redeanfang gänzlich auf den emotionalen Erfolg beim Hörer konzentriert (wie etwa im *genus admirabile*, bei einer erwarteten Schockreaktion, zu empfehlen), spricht man von „insinuatio", Einschmeichelung.

Die parteiliche Schilderung des Sachverhalts fundiert die übrige Rede und kann zum Nutzen der eigenen Sache mit Auslassungen oder Färbungen arbeiten. Schon hier wird die rhetorische Skepsis bemerkbar, die keinen einzigen allgemeingültigen Aspekt einer Sache anerkennen kann, sondern nur die polyperspektivische Annäherung an ihn. Erst die Gesamtheit der verschiedenen Ansichten vermittelt ein zureichendes Bild und vermag die Argumentation, die das Hauptziel der Erzählung ist, umfassend zu begründen. In ihr kulminiert die Rede, auf sie hin sind Anfang und Ende angelegt, und in ihr wird die Streitfrage gemäß den eigenen Interessen formuliert. Da die argumentatio der wichtigste Teil in der persuasiven Rede ist, kommt dem aptum hier größte Bedeutung zu: „Indessen darf man auch nicht immer mit allen Beweisen, die wir ausfindig gemacht haben, den Richter belästigen, weil sie zum Überdruß führen und die Glaubwürdigkeit mindern.“ (Quintilian, Ausbildung des Redners, 5,12,8) Vom Redner sind für die Beweisführung in hohem Maße Lebenskenntnisse und Lebenserfahrung im umfassendsten Sinne zu fordern. „Es muß also, wenn man Beweise richtig handhaben will, auch Bedeutung und Wesen aller Erscheinungen bekannt sein sowie die Einsicht, welche Wirkungen jedes von ihnen in der Regel zustande bringt.“ (Quintilian, Ausbildung des Redners, 5,10,15)

Den Anfang der Beweisführung macht oft die Aufzählung der Redeziele (*partitio*); die Darlegung der eigenen Argumente (*probatio*) und die Widerlegung der gegnerischen Gründe (*refutatio*) sind die beiden Richtungen der Argumentation, die sich ihre Belege von außen, durch Urkunden, Zeugenaussagen, Vorentscheidungen, holt (*genus inartificiale*) oder sie auf rhetorischem Wege produziert. Die wichtigsten rhetorischen Beweise sind die Argumente, die durch den rhetorischen Schluß (*enthymema, ratiocinatio*) von etwas Zweifelhaftem auf etwas allgemein als gewiß Angesehenes gewonnen werden und Ergebnis des geschickten Gebrauchs der Topik sind. Wer eine eigene Ansicht (etwa über gesunde Lebensführung) dadurch begründet, daß sie natürlich sei, bezieht ein noch unsicheres Faktum unausgesprochen auf den allgemeinen Konsens, daß natürlich zu leben auch richtig sei. Auch sinnlich wahrnehmbare Zeichen und Indizien (*signa*) vermögen die Argumentation zu stützen, das Beispiel (*exemplum*) als eine Art induktiv aus der Empirie gewonnenes Argument hat vor allem in der Neuzeit an Bedeutung gewonnen. Eine methodisch große Rolle spielen in argumentatio und narratio gleichermaßen die Methoden der Darstellung. Während der Redner die für seinen eigenen Standpunkt sprechenden Redegegenstände vergrößert und erhöht (*amplificatio*), schwächt er die gegnerische Sache so weit wie möglich ab (*minutio*). Im weitesten Sinne muß die amplificatio als das elementare Verfahren der Redekunst (auch der Kunst überhaupt) aufgefaßt werden, da eine objektive Behandlung des Gegebenen unmöglich ist: stets geht die Behandlung von parteilichem Interesse aus, und das Gegebene wird gemäß diesem Interesse zugespitzt aufgefaßt und dargestellt. Die amplificatio kann daher sowohl in die inventio als auch in die elocutio eingeordnet werden; sie betrifft die res (den Stoff) als Gegenstände des ersten Produktionsstadiums der Rhetorik ebenso wie die verba, die Gegenstand des dritten Produktionsstadiums sind. In der pronuntiatio und actio zeigt sich die amplificatio darin, daß Stimme und Gestik eingesetzt werden, um die Aussage der Worte zu unterstreichen.

Amplifikatorische Züge werden in der inventio bereits darin deutlich, daß der Redner die Umstände, die mehr Vor- als Nachteile bieten, gedanklich für die Rede erarbeitet und entfaltet, die Sachen aber verwirft, die mehr ungünstige als günstige Seiten zeigen. Hierin nähert sich die amplificatio einer hyperbolischen Gedankenfigur. In der weiteren Bearbeitung werden dann die guten Seiten der Sache durch den Ausdruck ausgekleidet. Die elocutio stellt an Mitteln hierzu die Tropen, Figuren und Sentenzen bereit: bezüglich der verba wird der schlichtere, einfachere Ausdruck für die Sache durch den stärkeren, eindringlicheren, affektsichereren ersetzt.

Der Schluß der Rede faßt die wichtigen Tatsachen und Gesichtspunkte zusammen, um sie dem Gedächtnis des Publikums einzuprägen, und gibt darüber hinaus direkt oder indirekt meist eine Entscheidungs- oder Handlungsanweisung. Dieser Redeteil ist auch deshalb so bedeutend, weil er die letzte Gelegenheit bietet, die eigene Angelegenheit und Sicht überzeugungskräftig zu formulieren und die Adressaten auf die eigene Linie einzuschwören. Daher die oft höchst pathetischen, beschwörenden Redeausgänge, die Konzentration aller rhetorischen Mittel zum Schluß oder gar der direkte Aufruf zur Tat.

10. Rhetorische Wirkungsfunktionen

Erst die *Wirkungsfunktionen* machen die Rede persuasiv. Sein Ziel, die Zuhörer oder Leser vom eigenen Standpunkt in einer Sache zu überzeugen, so daß sie ihre Meinung, gegebenenfalls ihre Haltung und Gesinnung im gewünschten und schließlich richtigen Sinn ändern, kann der Redner auf dreierlei Weise erreichen. Einmal durch die Belehrung (*docere*), die auf einen rationalen Erkenntnisprozeß zielt und die intellektuellen Fähigkeiten der Adressaten anspricht (diesen Zweck hat die Rhetorik mit der Philosophie und anderen Wissenschaften gemeinsam), sodann durch die emotionale Stimulierung des Publikums, die auf die Erregung sanfter, gemäßigter, milder Affekte (*delectare, conciliare*) zielt, und schließlich durch die Erregung der Leidenschaften (*movere, concitare*).

„Wenn ich nun die Art des Rechtsfalles vernommen und erforscht habe und zur Behandlung der Sache selbst schreite, so setze ich vor allem den Hauptgegenstand fest, auf den ich meine ganze Rede, die der gerichtlichen Untersuchung angemessen sein muß, zu richten habe. Dann ziehe ich zweierlei auf das sorgfältigste in Erwägung: erstens, was mir und dem, den ich verteidige, zur Empfehlung gereichen könne; zweitens, was geeignet sei, die Gemüter derer, vor denen ich rede, für meine Wünsche zu stimmen. So stützt sich die ganze Kunst der Rede auf drei zur Überredung taugliche Mittel, indem wir zuerst die Wahrheit dessen, was wir verteidigen, erweisen, dann die Zuneigung der Zuhörer gewinnen, endlich ihre Gemüter in die Stimmung, die jedesmal der Gegenstand der Rede verlangt, versetzen sollen." (Cicero, Über den Redner, 2,114)

Klaus Dockhorn hat diese Trias sehr glücklich als die Wirkungsfunktionen der Rede oder das „rhetorische Wirkungsschema" bezeichnet. (Dockhorn, Macht und Wirkung der Rhetorik, S. 53 f.)

Delectare und movere sind gewiß diejenigen Wirkungsarten, die den Redner (oder Dichter) erfordern, während Belehrung allein auch ohne seine Hilfe zu erreichen ist. Doch durfen sie klassischer rhetorischer Theorie gemäß sich niemals verselbständigen, sondern dienen zum Zwecke der Überzeugungsherstellung. Versucht die Belehrung auf direktem Wege das Gute und Richtige zu erweisen, tut dies die Affekterregung auf indirekte Weise. Denn nie hat die Rhetorik die sokratische Überzeugung geteilt, daß das Erkennen des Richtigen und Guten auch schon zum entsprechenden Handeln oder nur zur entsprechenden Gesinnungsänderung führt. Daher genügt es nicht, nur auf einen Teilbereich der menschlichen Natur, Urteilskraft und Vernunft, einzuwirken, auch Gefühle und Willen, Sinnlichkeit und Seelenkräfte müssen auf eine der Beweisführung angemessene Art angesprochen werden.

Einsicht und Belehrung (*docere, probare*) vermittelt das argumentative Eingehen auf die Sache (*res,* was Aristoteles *pragma* nennt), das die Ausführungen des Redners beweistüchtig macht. „Beweisen ist notwendig" (Cicero, Der Redner, 21,69); Sachlichkeit, Rationalität bilden gleichsam die Basis der Rede, fehlen sie ihr, wird die Rede zur bloßen Affektregulierung eingesetzt und geht in *Propaganda* über. Dem reinen Belehrungszweck angemessen ist der sachlich-nüchterne Stil (*genus humile, subtile*), der sich an die Fakten hält, sie möglichst direkt (also in eigentlicher Redeweise) zum Ausdruck bringt und die Vernunftschlüsse klar und deutlich vor Augen stellt. Die Wirkung eines rein rationalen Vorgehens in der Rede ist freilich niemals ganz emotionsfrei und auf den Verstand beschränkt. Sachlichkeit, Nüchternheit, Verständigkeit in Rede und Gedankenführung erwecken vielmehr Vertrauen und Beifälligkeit, also zwar schlichte, aber dafür auch besonders dauerhafte Gefühle, die dann häufig über die Person des Redners (als Ausweis seiner Geradheit und Redlichkeit) vermittelt werden und damit zum Bestandteil seiner Charakterwirkung werden (*ethos*).

Vergnügen und Wohlwollen (*delectare, conciliare*) erregt der Redner vorzüglich durch die Vorstellung seines eigenen Charakters. Dessen Redlichkeit und Festigkeit gilt es zu erweisen, so daß dem Redner immer die Funktion eines Vorbildes zukommt. Wenn er auch das Ideal des vir bonus niemals ganz erreichen kann, muß das Publikum doch zu der Überzeugung gelangen, daß es wirklich sein Ideal ist, dem er nachzustreben sich bemüht, so daß auch seine Rede als Teil dieser eigenen Bildungsanstrengung gesehen werden kann. Die Darstellung des eigenen Charakters, der eigenen Sitten und moralischen Überzeugungen beschränkt sich dabei nicht bloß auf die sprachliche Gestalt, sondern bezieht die gesamte Präsentation des Redners, seinen Aufzug, seine Aktionen, sein gesamtes Gepräge mit ein.

Die dieser Wirkungsfunktion angemessene Redeweise ist der mittlere Stil, der sich nur mäßig der Tropen und Figuren bedient und auf einen natürlichen Eindruck abzielt. Der anmutige, schöne Ausdruck ruft dadurch, daß er die Extreme meidet und einen entspannenden Effekt besitzt (sowohl die Verstandesanstrengung bei der Belehrung wie die Affektanstrengung bei der Leidenschaftserregung entspannend), Sympathie hervor, erneuert die Aufmerksamkeit und verhindert Monotonie und Langeweile. Er bedarf freilich auch der Abwechslung durch einen der beiden anderen Stile, um nicht selber ermüdend zu wirken.

Bewegung und Aufstachelung der Leidenschaften (*movere, concitare*) bezeichnen den heftigsten Grad der Gemütserregung, in ihnen kulminieren die emotionalen Überzeugungsgründe, die für die Rhetorik ebenso zu Mitteln der Beglaubigung wie der Irreführung werden können. Leidenschaften werden erregt durch die Darstellung von Leidenschaften, durch die Vorführung von Indizien oder bildlichen Zeugnissen. Die berühmte Rede des Antonius in Shakespeares Drama „Julius Caesar" bezieht ihre entsetzende, hinreißende Wirkung auch durch die Leiche des Ermordeten, die in ihrer Stummheit am gewaltigsten redet.

Die diesem Wirkungszweck angemessene Redeweise ist der erhabene, große, pathetische, schwere Stil (*genus grande*), der sich der Tropen und Figuren reichlich oder sogar auf exzessive Weise bedient. Seinen wichtigsten Ort hat das *pathos* am Schluß der Rede, wenn es darauf ankommt, alle Anstrengungen nochmals zur (letztmöglichen) Beeinflussung des Publikums zusammenzunehmen, eine Haltungsänderung zu bewirken und möglicherweise direkt eine bestimmte Handlung in Gang zu setzen. Doch auch in den anderen Redeteilen ist es angebracht, wenn es von der Gewichtigkeit des Themas oder dem Zweck her angeraten erscheint. Auch bringt es Lebendigkeit und Abwechslung in die Rede, bedarf aber selber mehr als die beiden anderen Redeweisen der Variation: der pathetische Stil als die höchste Anspannung aller rednerischen Kräfte entfaltet sich nur punktuell zu größter Wirkung, länger anhaltend erscheint er angestrengt und künstlich.

In der Schrift *Vom Erhabenen* (eigentlich *Über die Höhe*) wird auch die größte Gefahr dieser rednerischen Wirkungsweise erörtert: „Überhaupt scheint der Schwulst zu den am schwersten vermeidbaren Fehlern zu gehören. Naturgemäß nämlich werden alle irgendwie zum Schwulst fortgerissen, die sich um Größe bemühen, aus Angst vor dem Tadel, kraftlos und trocken zu sein; sie vertrauen dem Satz: ‚Großes verfehlen ist ein immerhin edles Versagen.' Aber wie beim Körper, so sind im Sprachlichen gedunsene und künstliche Schwellungen häßlich und führen uns zweifellos zu ihrem Gegenteil; nichts, heißt es, ist dürrer als der Mann mit Wassersucht." (Pseudo-Longinos, Vom Erhabenen, 3,3–4) Aus den drei Arten der Anwendung sprachlichen Schmucks hat sich die Drei-Stil-Lehre entwickelt, die aus der ursprünglichen Konkurrenz einer Vielzahl von Stil-Orientierungen und Stil-Lehren mit größerer Differenzierung als die rhetorische Norm hervorgegangen ist. Dabei wurden den drei Stilen nicht nur verschiedene Wirkungsfunktionen, sondern auch getrennte Gegenstandsbereiche zugeordnet, die man im Mittelalter schließlich mit dem sozialen Stand der dargestellten Personen in Übereinstimmung brachte. Dabei dienten Vergils Werke als Belege: die *Bucolica* für den einfachen, die *Georgica* für den mittleren und die *Aeneis* für den hohen Stil. Stile, Stände und zugehörige Attribute wurden in einer Kreisform anschaulich dargestellt (*rota Vergilii)*. Auch die Differenzierung literarischer Gattungen ist der Drei-Stil-Lehre verpflichtet, wobei die Komödie die beiden unteren Stilarten (samt dazu passendem Personal), die Tragödie den hohen Stil (und die entsprechenden Stände) zugewiesen erhielt. Bis in die neuzeitliche Romantheorie hinein macht sich der Einfluß der Drei-Stil-Lehre bemerkbar. Der Stellung der emotionalen Überzeugung im rhetorischen System entspricht die differenzierte Erörterung der Affekte in einer eigenen *Affektenlehre*, die nicht bloß auf die Rhetorik beschränkt blieb, sondern Psychologie und Menschenkenntnis bis ins 18. Jahrhundert hinein beeinflußte sowie in den Künsten die Theorie der ästhetischen Wirkung nachhaltig bestimmte.

VI. Rhetorik zwischen den Wissenschaften

1. Funktion der Topik

Der ungesicherte disziplinäre Status der Rhetorik erscheint als Problemkonstante ihrer Geschichte seit den Anfängen. Es mag hier genügen, auf Platons Dialog *Gorgias* zu verweisen, in dem es schon um die besondere, sie von anderen Disziplinen trennende Beziehung der Rhetorik zur Wahrheit geht (und die von Sokrates höchst folgenreich der Sphäre des Scheins zugeordnet wird), vor allem aber auf Aristoteles, der im zweiten Kapitel seiner *Rhetorik* das unterscheidende Moment der umstrittenen Disziplin gerade in ihrer vermittelnden Leistung sieht, wie die in anderem Zusammenhang schon zitierte zentrale Stelle deutlich macht: „Die Rhetorik stelle also das Vermögen dar, bei jedem Gegenstand das möglicherweise Glaubenerweckende zu erkennen. Denn dies ist die Funktion keiner anderen Theorie. Jede andere nämlich will über den ihr zukommenden Gegenstand belehren und überzeugen: wie die Medizin über das, was gesund bzw. krank ist, die Geometrie über die Vorgänge, die die Größe betreffen, die Arithmetik über die Zahl und in gleicher Weise auch die übrigen theoretischen Anweisungen und Wissenschaften. Die Theorie der Beredsamkeit scheint sozusagen in der Lage zu sein, das Glaubenerweckende an jedem vorgegebenen Gegenstand zu untersuchen. Darum behaupten wir auch von ihr, daß sie kein eigenes, auf eine bestimmte Gattung von Gegenständen beschränktes Gebiet theoretischer Anweisungen besitzt." (Aristoteles, Rhetorik, 1355b) Wobei Aristoteles hier freilich ein Problem unberücksichtigt läßt, das schon den Platonischen Sokrates beschäftigte und das wohl bei der Entstehung der Rhetorik im 5. Jahrhundert v. Chr. auf Sizilien und in Athen eine entscheidende Rolle gespielt hat, daß nämlich die Menschen anders handeln, als Vernunft und rationale Beweisführung ihnen eigentlich vorschreiben. Es gehört seit Sokrates zu den idealistischen Irrtümern jeder Aufklärungsepoche, daß man das Wahre nur auszusprechen habe, damit es seine Wirkung tue und den Menschen und damit seine Welt verändere. Daß dies nicht so ist, vielmehr sogar aus dem bewußten Tun des Falschen ein besonderer Gewinn gezogen werden kann, keinem anderen vergleichbar, ist nicht erst eine psychologische Erkenntnis von heute, sondern Voraussetzung (und Legitimationsproblem) jeder rhetorischen Theoriebildung. Rhetorische Argumentation beschränkt sich daher nicht bloß auf komplexe Erklärungsleistungen in Beruf oder Alltag, sucht nicht nur das Richtige dem Streit der Argumente abzugewinnen, sondern spricht auch *über* das Wahre und Wahrscheinliche, über dessen Voraussetzungen und Bedingungen ebenso wie über die Hinderungsgründe und „Irrtumsgötzen" (Bacon), die eine richtige Einsicht und situationsangemessenes Verhalten erschweren. Das unabweisbare Bedürfnis, mit einer Erkenntnis glaubwürdig zu wirken, stellt sich spätestens in dem Augenblick ein, wo sie praktisch werden und menschliche Lebensvollzüge bestimmen soll. Der Besitz der Wahrheit ist dann gar nicht entscheidend, sondern allein noch die Frage, ob diese Wahrheit auch akzeptabel ist, also vermittlungsfähig. Glaubwürdigkeit muß als zusätzliche Qualität zur Wahrheit hinzukommen, ist ihr nicht etwa schon wesentlich.

Aristoteles hat die Bedingungen der Glaubwürdigkeit an Sachen und an Personen geknüpft, wobei die sachliche Glaubwürdigkeit wiederum keine Funktion von (rationaler oder empirischer) Wahrheit ist. Die wissenschaftliche Erkenntnis für sich genommen erscheint nur im Ausnahmefall glaubwürdig, die Regel ist vielmehr ihr Glaubwürdigkeitsdefizit, steht sie doch unvermittelt zu den Lebensvollzügen, in die sie eingreifen soll. Rhetorik hat die Aufgabe, das unvermittelte Wissen überzeugungskräftig zu machen, seine (fachwissenschaftlichen) Grenzen zu überschreiten und auf das bereits vermittelte Wissen zu beziehen, weshalb Aristoteles behaupten kann, daß es sich bei der rhetorischen Methode um ein Schlußfolgern „im Hinblick auf das handelt, was wir topoi nennen – diese sind nämlich die allgemeinen Gesichtspunkte in bezug auf Recht, Natur, Politik und vieles andere verschiedener Art, wie beispielsweise der Topos des *Mehr* und *Weniger;* denn man wird hieraus eben sowohl einen dialektischen wie einen rhetorischen Schluß über Recht oder Natur oder über was auch immer, bilden, obwohl diese Gegenstände ihrer Art nach verschieden sind –; spezifische Gesichtspunkte dagegen sind solche, welche von Aussagen abgeleitet werden, die spezifischen Arten und Gattungen von Gegenständen angehören, wie es z. B. Aussagen aus der Physik gibt, aus denen weder ein rhetorischer noch ein dialektischer Schluß für die Ethik gewonnen wird, und aus diesen wiederum andere Aussagen, aus denen es keine solchen für die Physik gibt." (Aristoteles, Rhetorik, 1358a) Oder mit den Worten Gadamers: „Die Ubiquität der Rhetorik ist eine unbeschränkte. Erst durch sie wird Wissenschaft zu einem gesellschaftlichen Faktor des Lebens." (Gadamer, Rhetorik, Hermeneutik und Ideologiekritik, S. 63)

Die allgemeinen topoi beanspruchen Geltung in allen Redegattungen und Wissensdisziplinen. (Mit seinem Beispiel meint Aristoteles Argumentationsformen wie diese: Wenn jemand einen Tempelraub begeht, wird er auch einen Diebstahl begehen; d. h., es wird das Geringere – oder *Weniger* – aus dem Schwerwiegenderen – oder *Mehr* – geschlossen.) Die besonderen topoi sind dagegen fachlichen Ursprungs und an einen bestimmten Gegenstandsbereich gebunden, wenn sie auch ihre Plausibilität daraus beziehen, daß sie zu Bestandteilen eines übergreifenden allgemeinen Wissens wurden. Allgemeine und besondere topoi zusammengenommen kann man als Kategorien des kollektiven oder gesellschaftlichen Bewußtseins einer Epoche bezeichnen, das durch Bildung und Erziehung und durch die mannigfachen Formen sozialer Osmose entsteht.

Nicht minder wichtig für die Glaubwürdigkeit des Wissens ist die Person, die es vorträgt, ihre Vertrauenswürdigkeit (*ethos*), die zu einem nicht geringen Teil daraus folgt, wie gut sich die Adressaten der Wissensbotschaft in dem Redner repräsentiert sehen, wie ernst er ihre Hoffnungen, Ängste, Sorgen nimmt, wie sehr er einer der Ihren ist, der sie versteht und sie daher auch in die emotionale und intellektuelle Aufnahmebereitschaft zu versetzen weiß. Doch diese an die Person geknüpften Überzeugungsmittel sind zwar ebenfalls unabhängig von der fachlichen Orientierung des Gegenstandes, betreffen aber den interdisziplinären Status der Rhetorik nur auf Umwegen und sollen daher hier nicht weiterverfolgt werden.

Um es mit einem Wort zu sagen: Rhetorik versteht sich seit ihren Anfängen als ein die Fachgrenzen des Wissens überschreitendes Beziehen, als Vermitteln der Erkenntnisse aus den Wissenschaften mit den Kategorien des allgemeinen gesellschaftlichen Bewußtseins. Das ist ein doppelter Prozeß: Es handelt sich dabei zunächst um eine Vermittlung des Wissens, sodann aber auch um eine Vermittlung des Adressaten und seiner Welt. In allen Fragen, die unser Dasein und Wirken in der Lebenswelt betreffen, von den einfachen Alltagsentscheidungen bis zu den Handlungen des Politikers in der Geschichte bedürfen wir der rhetorischen Vermittlungen. Wenn wir Lebenswelt und historische Erfahrungsrealität zusammennehmen, haben wir nun auch jenen Bereich eigenen Anspruchs, dem sich die Rhetorik als besondere Form des Wissens und der ihm gemäßen Praxis zuwendet. Ein Bereich, über den man nur zu subjektiven Ansichten, zu Wahrscheinlichkeiten also gelangen kann, niemals zu der subjektiven und objektiven Gewißheit, daß diese Ereignisse oder jene Entschlüsse für alle zu jeder Zeit so und nicht anders geschehen müssen. Diesen Begebenheiten und Situationen gegenüber verhalten wir uns als Meinende und Entscheidende. Wir wissen, daß die Begründung unseres Urteils objektiv unzureichend und auch subjektiv oft genug ungewiß ist, können aber durch das Vertrautwerden mit dem Material, durch topisch orientierte Erfahrung und durch Verwertung derjenigen Ergebnisse anderer Wissenschaften, die sie den partiellen Gesetzmäßigkeiten in unserem Gegenstandsbereich widmen, einen Grad von subjektiver Gewißheit erreichen, die wir mit Argumenten glaubwürdig nach außen vertreten und als konsensfähig behaupten können.

Der rhetorische Topos als ein allgemein anerkannter inhaltlicher oder formaler, aber nicht eindeutig definierbarer Gesichtspunkt zum Auffinden von Beweisgründen und Argumenten, als Suchkategorie also, erlaubt es, eine Wahl zu treffen, eine Entscheidung zu fällen oder eine Handlung zu initiieren, obwohl eine wissenschaftlich exakte oder philosophisch wahre, subjektiv und objektiv gewisse Erkenntnis weder vom Gegenstand noch der Situation her möglich ist. Die topoi dienen somit der Erschließung der Wirklichkeit und verhelfen den Individuen zu ihrer sozialen und kulturellen Orientierung. Ihr Zuständigkeitsbereich ist natürlich besonders das Alltagsleben, in dem ständig Entscheidungen getroffen werden müssen, deren komplizierte soziale, ökonomische, politische und ideologische Vermittlung zur Entscheidungslosigkeit verdammen würde, wollte man sie jeweils vorher angemessen analysieren. Ebenso alle Urteile, die über die Zukunft zu fällen sind, zukünftige Entwicklungen vorbereiten oder einleiten, da auch über sie nichts Gewisses auszusagen ist, hängen sie doch von jenem irreduziblen Anteil an Freiheit ab, der alles menschliche Handeln unsicher und letztlich unberechenbar macht. Darin besteht der wichtigste Grund, weshalb Aristoteles die Rhetorik in seinem philosophischen System mit der Politik und der Ethik zusammenschloß und als eine Art praktische Philosophie aus dem Handlungskontext heraus begründete. Die rhetorische, das heißt allgemeine Überzeugungsfähigkeit wird durch das Aneignen der rhetorischen techne und durch ständige Übungen erworben sowie durch die Anwendung von psychologischem, logischem und politischem Wissen.

2. Rhetorik und die freien Künste

Eine solche Eingliederung der Rhetorik in das enzyklopädische Wissen der Antike war bereits in der Sophistik nicht nur vorbereitet worden, sondern auch fester Bestandteil der rhetorischen Bildung gewesen. So rühmte sich der Rhetor Hippias von Elis (5. Jh. v. Chr.), daß er nicht nur die freien und edlen Künste beherrsche, sondern ebenso „die Geometrie, die Musik, die Kenntnis der Literatur und der Dichter, und was von der Natur, von den Sitten, vom Staatswesen gelehrt werde“. (Cicero, Über den Redner, 3,127)

Wir begegnen hier schon dem Umstand, daß das gesamte Wissen nicht um seiner selbst willen betrieben wird, sondern sich in den Dienst der Rhetorik gestellt sieht. Isokrates entwikkelte neben Platon und vor Aristoteles das wohl tragfähigste Konzept einer rhetorischen Bildung, die sich am Maßstab der politischen Kompetenz ausrichtete und dem mathematisch-dialektischen Bildungskanon (den Platon favorisierte) nur einen propädeutischen, für das rhetorische Wissen selber irrelevanten Wert zuspricht, im übrigen aber die propädeutischen Lehrgegenstände als gleichrangige Fächer behandelt. Damit ist jene Vorstellung von der unmittelbaren Zusammengehörigkeit aller Wissensbereiche geschaffen, die dem griechischen Denken eigen ist und schon in der Bezeichnung *Enkyklios paideia,* Kreis der Bildung, zum Ausdruck kommt.

Dieser Kreis umfaßt schon den später als *septem artes liberales,* als die sieben freien Künste, benannten Fächerkanon: Grammatik, Rhetorik, Dialektik, Musik, Geometrie, Arithmetik und Astronomie. Cicero und Quintilian werden diese Gebäude der Disziplinen vollenden und als Basis für die rednerische Kunst festschreiben, so daß „niemand unter die Zahl der Redner gerechnet werden dürfe, der nicht in allen, eines freien Mannes würdigen Wissenschaften (daher *artes liberales*) ausgebildet sei". (Cicero, Über den Redner, 1,72) Alle wesentlichen Bestandteile der zeitgenössischen Bildung muß sich der Redner, der wirklich überzeugend auftreten will, aneignen. Modern gesprochen: Interdisziplinarität ist die wichtigste Anforderung an den Rhetoriker, die modellhafte Konzentration auf die sieben freien Künste darf nicht etwa als Ausschließungskriterium verstanden werden, wie Quintilian betont: „Ich entscheide mich... dafür, daß Stoff der Rhetorik alle Gegenstände sind, die sich ihr zum Reden darbieten." (Quintilian, Ausbildung des Redners, 2,21,4) Das meint in einem sehr präzisen Sinne nicht bloß die Addition von Wissensgegenständen aus anderen Disziplinen, sondern ein Wissenschaftsverständnis, das die einzelne Spezialdisziplin nur als Teil eines Ganzen begreift und die Probleme und Forschungsgegenstände angemessen allein im Kontext vieler disziplinierter Zugriffe behandelt findet. Wobei Austausch und Koordination, die Verständigung zwischen den Disziplinen, rhetorische Spezialaufgabe bleibt.

3. Rhetorische Kunsttheorie und Poetik

Unbeschadet dieser allgemein interdisziplinären Ausrichtung, erweist sich die Rhetorik schon in der Antike und je nach der gesellschaftlichen, politischen und kulturellen Verfassung der Zeit auch als Schnittpunkt ganz spezieller disziplinüberschreitender Zusammenarbeit. Über die enge Verbindung von Rhetorik und Politik in den griechischen Stadtstaaten sowie über die von den sophistischen Theoretikern betriebene Politisierung der Polis durch eine Rhetorisierung des gesamten öffentlichen Lebens wurde schon gesprochen, unter anderen Vorzeichen und den Voraussetzungen seines philosophischen Lehrgebäudes wird diese Allianz von Aristoteles bestätigt. Auch Cicero erstrebt sie abermals, diesmal freilich auf dem Wege der Koordination mit Philosophie und Jurisprudenz. Das hat etwas mit den staatlichen Zuständen zu tun, unter denen er wirkte, deren krisenhafte Verfassung führte ihn zu der Konsequenz, daß sich politische Rede und Gerichtsrede in seiner rhetorischen Praxis (entgegen der von ihm sonst akzentuierten theoretischen Differenzierung) immer näher rückten und er auch auf dem politischen Forum wie vor dem Gericht argumentierte. Der politische Redner wird immer dann zum öffentlichen Ankläger, wenn Unrecht zum Regelfall der staatlichen Verhältnisse wird.

Auf dem Felde der wechselseitigen Integration von Rhetorik und Poetik liegen die Umstände etwas anders. Seit den Anfängen der griechischen Literatur gibt es zwischen Redekunst und Dichtkunst den engstmöglichen Austausch; die Rolle Homers in der rhetorischen Theoriebildung, die Begründung der Kunstprosa durch Gorgias, die Entwicklung des griechischen Dramas aus Rede und Gegenrede, die poetologische Reflexion bis hinauf zur wirkungsmächtigsten Poetik überhaupt, der des Aristoteles, belegen diesen manchmal bis zur Identifizierung gehenden Zusammenhang, den die römische Literatur überall bekräftigte und womöglich noch intensivierte. Insofern steht Quintilians Bemühen um die Literatur und deren hoher Stellenwert in dem Curriculum der *Institutio oratoria* in einer gesicherten interdisziplinären Überlieferung, die für ihn unter den

Bedingungen der Kaiserzeit freilich von besonderer Bedeutung werden sollte.

Hinzu kommt, daß sich die Rhetorik schon in der griechischen Antike nicht bloß als Redewissenschaft und rednerische Produktionslehre verstanden, sondern auch als Textwissenschaft in einem umfassenden Sinne begriffen hat, wobei sich alle Teile des rhetorischen Systems, vielleicht mit Ausnahme der auf die juristische Fachliteratur beschränken Status-Lehre, als übertragbar für die dichterische Arbeit erwiesen. Natürlich gab es die Opposition der Platonischen Philosophie: „Die Muse versetzt den Dichter in Begeisterung, und an dieser nehmen die Interpreten und Hörer teil, denen das Verständnis des Werkes nur so sich erschließt." (Grassi, Die Theorie des Schönen in der Antike, S. 102) Womit ja das Kunstwerk jeder rationalen Betrachtung entzogen, seine Entstehung im Dunkel eines göttlichen Inspirationsprozesses bleibt. Sosehr eine solche Auffassung dem Künstler schmeicheln mag, weil sie ihn zur Sonderexistenz in womöglich gottähnlicher Weise prädestiniert, um so weniger berücksichtigt sie die Erfordernisse seiner Arbeit. Der Einfluß der Rhetorik auf Kunsttheorie und Poetik ist damit von Anfang an *aufklärender* Art. Das Kunstwerk wird zum Produkt eines Herstellungsprozesses, eines *Arbeitsprozesses,* über dessen Verlauf diskutiert und Rechenschaft abgelegt werden kann. Reflexion des Künstlers auf die Bedingungen und den Verlauf seiner Produktion ist eng verbunden mit der Theorie der Beredsamkeit, die die Kategorien dafür bereitstellte. Da die Rhetorik als wirkungsvolle und auf tätige Wirkung abzielende aktive Teilnahme am politischen und gesellschaftlichen Leben dem Bereich der vita activa zuzurechnen ist, so läßt sich sagen, daß der mit Formkultur verbundene positive Begriff von Arbeit, der Antike eigentlich fremd, durch die Rhetorik in die Ästhetik Eingang findet. Kunst ist das *Können* von Kunst. Der Ort der Kunsttheorie wird daher nach dem Ende der rhetorischen Dominanz vielfach die Kunst selber, im Werk erscheint die Reflexion über Wesen, Zweck und Bestimmung der Kunst in der Neuzeit – oder das Werk wird von der Reflexion begleitet, von poetologischen Schriften mit Titeln wie *Die Entstehung eines Gedichts, Wie macht man Verse* oder *The Philosophy of Composition.* Sie klären über das auf, was an dem Gemachten, dem vollendeten Werk nicht oder nur schwer erkennbar ist. Wenn im 20. Jahrhundert bei Musil, Mann und Broch, bei Poe, Majakowski und Enzensberger die Genese des Werkes, ihres Werkes in den Mittelpunkt ihres Interesses rückt, die distanzierende Beobachtung den Prozeß des Produzierens begleitet, wenn also die Kunsttheorie sich von der philosophischen Ästhetik gelöst hat und im oder neben dem Kunstwerk von seinem Hersteller formuliert wird, so zeugt das noch von einer Tradition, für die die Rhetorik konstitutiv ist.

VII. Christliche Rhetorik

1. Ursachen und Wege der christlichen Rhetorik-Rezeption

„Nicht nur die römische Literatur der Antike, sondern auch die christlich-lateinische Literatur der Spätantike war zunächst etwas Sekundäres, Abgeleitetes: hier wie dort wurde von der lateinisch sprechenden Welt übernommen, was die Griechen hervorgebracht hatten. Rom hat also [...] zweimal Griechisches rezipiert, es war zweimal Mittler zwischen Griechenland und Europa." (Fuhrmann, Spätantike, S. 163) Dieser Prozeß verlief nicht ohne Widerstände und Widersprüche. Das Christentum hatte als Volksbewegung und in Opposition zur heidnischen Umwelt begonnen, die griechische Kultur gehörte zu den verabscheuungswürdigen Errungenschaften einer dunklen Vorzeit, die christliche Gemeinde war darauf bedacht, sich nicht am Fremden, Gottlosen zu infizieren und beschränkte sich ganz auf die Erhaltung, Auslegung und innere Festigung der eigenen Lehre. Was an Literatur in dieser Frühzeit entstand, ist ziemlich belanglos, sieht man einmal von den kanonischen Texten des Neuen Testaments ab, gebildete Römer und Griechen empfanden das urchristliche Schrifttum nicht ohne Grund als pöbelhaft, geschmacklos und barbarisch. Erst der Widerstand der heidnischen Umgebung und die Notwendigkeit, sich mit ihr auseinandersetzen zu müssen, sowie die Erkenntnis, dies nicht auf dem bisherigen Niveau gegenseitiger Akklamation der sowieso schon Gläubigen tun zu können, brachten eine Veränderung der bisherigen Haltung der Ignoranz und Selbstgenügsamkeit.

Eine Periode der Öffnung zur heidnischen Kultur wenigstens in ihrer philosophischen und literarischen Gestalt begann, man bemächtigte sich der überzeugenden Darstellungs- und Argumentationsformen, der Techniken der anspruchsvollen Schriftdeutung und der literarisch belangvollen Rede- und Textproduktion, um einer ablehnenden und feindseligen Umwelt die eigenen Ansprüche erläutern, kritischen Einwänden wirkungsvoll begegnen und für die eigene Lehre Proselyten werben zu können. Die Rhetorik erwies sich sehr schnell als ideales Instrument für alle diese Absichten, zu denen bald schon die Widerlegung von Abweichlern aus den eigenen Reihen und – nach der Erhebung des Christentums zur Staatsreligion im Jahre 381 – die aggressive Verfolgung und Missionierung aller Andersgläubigen trat: eine Gesinnung, die der in allen Glaubensfragen toleranten antiken Gesellschaft fremd gewesen war.

Für diese Öffnung besaß die christliche Gemeinde im Apostel Paulus bereits einen gewichtigen Wegbereiter. „Denn alles, was vormals geschrieben worden ist, das ist zu unserer Belehrung geschrieben, damit wir durch die Standhaftigkeit und durch den Trost der Schriften die Hoffnung haben." (Paulus, Röm. 15,4) An Timotheus richtete Paulus die Aufforderung, das *Endziel* seines Predigens in Ephesus im Auge zu behalten, nämlich den Glauben, „wovon gewisse Leute abgeirrt sind" (Paulus, 1. Tim. 1,6), sowie das Gesetz wirkungskräftig zu verkündigen. Im ersten Korintherbrief schließlich findet sich eine bedeutsame Unterscheidung. „Denn wer in Zungen redet, der redet nicht für Menschen, sondern für Gott; denn niemand versteht ihn, durch den Geist vielmehr redet er Geheimnisse. Wer jedoch aus Eingebung redet, der redet für Menschen Worte der Erbauung und Ermahnung und Tröstung." (Paulus, 1. Kol. 14,2f.) Zu Menschen zu reden, auf überzeugende Weise die christliche Botschaft zu formulieren, nicht in introvertierter Verzückung das eigene Ergriffensein auszustellen (das meint Paulus mit *Zungenreden*), das wird von nun an zum Hauptziel christlicher Rhetorik als Predigt.

Diese, man könnte sagen, religionsstrategischen Gründe haben sicher besonders zur christlichen Rezeption der Rhetorik Anlaß gegeben, doch öffneten sich noch zwei weitere Wege, auf denen die heidnische Redewissenschaft ins Christentum gelangte. Der wichtigste von ihnen und mit der Homiletik eng verbunden ergab sich aus den Erfordernissen der Schriftauslegung. Origenes (um 185–252) hatte in Alexandrien die Methoden seiner Bibelerklärung entwickelt, die ohne rhetorisches Rüstzeug nicht zu praktizieren war. Er unterschied einen dreifachen Schriftsinn, den buchstäblichen, der die geschichtlichen

Ereignisse umfaßt und der als Ebene der eigentlichen Redeweise begriffen werden kann, während die beiden anderen nur durch die Auffassung des Textes als uneigentliche Rede gewonnen werden können: Der moralische Schriftsinn entnimmt dem Text die Orientierungsmuster für die christliche Lebensführung, und der pneumatische Schriftsinn schließlich erschließt die Zusammengehörigkeit des Alten und des Neuen Testaments, doch auch mystische Bedeutungen, die Stellung der Kirche zu Gott, die Zukunft der Gemeinde oder den theologischen Zusammenhang der christlichen Riten.

Die allegorische Schriftauslegung setzte sich langsam durch, und Ambrosius etwa widmete sich vor allem dem Alten Testament. Nicht nur die Allegorie, sondern die gesamte Tropenlehre wurde zur Auslegung des mehrsinnigen (im späteren Mittelalter viersinnigen) biblischen Textes fruchtbar gemacht, auch heidnisch-philosophische, literarische und sogar bildkünstlerische Werke dienten dann der Auslegungskunst. Gemäß der rhetorischen Einsicht, daß allegorisches, metaphorisches oder metonymisches, also allgemein bildlich-uneigentliches Sprechen auf einen anderen *tieferen* Sinn (der christlich zum *höheren* wurde) hinführt, wurde der Text zum enigmatischen Gebilde, das es zu entschlüsseln galt. Eben diese Allegorese aber erforderte intime Sach- und Formkenntnis, die nur durch das gründliche Studium der Rhetorik zu erlangen war. Diese hatte schließlich solche Auslegungskünste längst mannigfach erprobt, an den Texten Homers ebenso wie an den mythologischen Erzählungen. Augustinus, der Cicero-Kenner und -Liebhaber, machte dessen Auffassung für die eigenen christlichen Zwecke nutzbar und vervollkommnete die allegorische Methode der Textauslegung, indem er die Allegorie als Sprache der Dinge auffaßte. „Mit der grammatisch-rhetorischen Definition der Allegorie [...] nahm Augustin ähnlich wie Cicero Schriftwörter als Zeichen (‚signa propria') der Dinge, die im Fall einer Allegorie als Dinge übertragene Zeichen (‚signa translata') vergleichbarer Dinge wären." (Freytag, Allegorie, S. 341)

Der andere, letzte, doch vielleicht nicht weniger nachhaltige Weg der Rezeption rhetorischer Überlieferung durch das Christentum führte über die Lebensgeschichte der Autoren selber. Die großen Kirchenväter und Theologen waren alle tief von der römischen Bildung geprägt und hatten zu jener Elite von jungen Männern gehört, die nach dem Elementar- und Grammatikunterricht auch den mehrjährigen Rhetorik-Kurs absolviert hatten, die Voraussetzung für jedes höhere Staatsamt. Ambrosius gehörte dazu, der bis zum Rang des Consularis Liguriae et Aemiliae aufgestiegen war, eine ganze Reihe anderer großer frühchristlicher Autoren war als Rhetorik-Lehrer tätig gewesen. Von Augustin weiß man, daß er seine Rhetorikprofessur erst nach seiner Bekehrung niederlegte, doch auch Lactanz, Cyprian und Tertullian galten als große Rhetoren ihrer Zeit, Lactanz, den man einen christlichen Cicero genannt hat, blieb der Beredsamkeit auch noch nach der Bekehrung treu.

2. Grundlegung der christlichen Rhetorik durch Augustinus

Den Konflikt, der uns hier beschäftigt, hat der größte der Kirchenväter, Aurelius Augustinus (354–430 n. Chr.), vor allem in seinem Werk *De doctrina christiana* (*Von der christlichen Lehre*) höchst folgenreich gelöst. Selber geübter Rhetor und ein Meister der Prosa, verschmähte er es auch nicht, seine Auffassung in leicht faßliche und überzeugende Gleichnisse zu kleiden. Mit den heidnischen Wissenschaften verhalte es sich ebenso wie mit dem Gold, dem Silber und den Kleidern der Ägypter, die das Volk Israel auch nicht verschmäht habe. Nicht anders sollten sich die Christen die Weisheiten der Alten zum richtigen Gebrauche aneignen, deren Schriften enthielten „einige sehr nützliche Sittenvorschriften; ja selbst über die Verehrung Gottes kann man bei ihnen manches Wahre finden“. (Augustinus, De doctrina christiana, II,40,60) Der vierte Teil seines Werks *Von der christlichen Lehre* befaßt sich nun auch ausführlich mit der Rhetorik, man muß ihn geradezu als die Grundlegung einer christlichen Beredsamkeit begreifen. Die Redekunst sei eine nützliche Wissenschaft, argumentiert er, wenn man sie richtig gebrauche, ihre Regeln seien „wahr, obgleich auch durch sie Falsches geraten werden kann. Weil aber das Angeratene auch wahr sein kann, so ist nicht die Gabe der Beredsamkeit an sich schuldbar, sondern der verkehrte Wille jener, die davon einen schlechten Gebrauch machen." (Augustinus, De doctrina christiana, II,36,54) Und an anderer Stelle: „Wer wagte [...] die Behauptung, die Wahrheit müsse in ihren Verteidigern gegen die Lüge unbewaffnet sein? [...] Jene sollten durch trügerische Beweisgründe die Wahrheit bekämpfen und der Lüge Geltung verschaffen dürfen, diese aber sollen weder die Wahrheit zu verteidigen noch die Lüge zu widerlegen vermögen!" (Augustinus, De doctrina christiana, IV,2,3)

Die Spuren Ciceros lassen sich bei Augustinus gerade dort auffinden, wo er die Möglichkeiten eines schlechten Gebrauchs der Redekunst zu verriegeln sucht: der *orator perfectus* ist auch in seinem Sinne ein sowohl weiser wie beredter Mann, wobei seine Weisheit freilich christlich-biblisch geprägt ist. Augustinus verordnet der christlichen Rhetorik als wichtigste Aufgabe die Bibelerklärung, der Prediger wird auf Altes und Neues Testament verpflichtet, die Wissenschaften, die er zu ihrem Verständnis brauche, solle er benutzen, aber sich nicht in überflüssiger Gelehrsamkeit verlieren. „Um zwei Punkte dreht es sich bei jeglicher Beschäftigung mit den [heiligen] Schriften: einmal um die Auffindung (*modus inveniendi*) dessen, was verstanden werden soll, und dann um die Darstellung (*modus proferendi*) des Verstandenen." (Augustinus, De doctrina christiana, I,1,1) Bei der Auslegung solle die Allegorese nicht zu weit getrieben werden, und die rhetorische Darstellung dürfe nicht zum Selbstzweck werden, sondern müsse immer der Sache der Religion und der Glaubensaussage untergeordnet bleiben.

Die Nähe zu Cicero bleibt auch in anderen Teilen von Augustins Rhetorik spürbar, bei der Bestimmung der Wirkungsintentionen, die er dem christlichen Redner zuweist, zitiert er seinen großen antiken Gewährsmann sogar ausdrücklich: „Ein beredter Mann also hat die wahren Worte gesprochen, der Redner müsse so sprechen, daß er belehre, ergötze und rühre (*docere, delectare, flectere*)." (Augustinus, De doctrina christiana, IV,12,27) Die Notwendigkeit des Belehrens liege im Gegenstand der christlichen Rede selbst, der Bibel nämlich; dem Ergötzen müsse man in Rücksicht auf den verdorbenen Geschmack Tribut zollen. Das aber reiche noch nicht aus. „Wenn also der kirchliche Redner eine Pflicht einschärft, dann muß er nicht bloß lehren, um zu unterrichten und darf nicht bloß ergötzen, um zu fesseln, sondern er muß auch rühren, um zu siegen. Denn derjenige muß noch durch eine erhabene Beredsamkeit zur Zustimmung hingerissen werden, bei dem dies weder der bis zu seinem Zugeständnis geführte Beweis der Wahrheit noch auch die Zugabe eines anmutigen Stiles bewirkte." (Augustinus, De doctrina christiana, IV,13,29)

Wie Cicero verbindet Augustinus mit den Aufgaben des Redners auch die drei Stilarten, nachdem in der Spätantike die Drei-Stil-Lehre vielfach verworfen worden und an ihre Stelle eine ganze Palette von Stilarten getreten war. Er trennt dabei aber ausdrücklich den Stoff der Rede von der Stillage, denn alles, was ein christlicher Redner vorzutragen habe, sei groß und bedeutend; somit sei die Verwendung der Stilart vorwiegend durch die richtig erkannte Aufgabe des Redners und die Notwendigkeit der Abwechslung, das rhetorische Prinzip der *varietas* also, bestimmt. Augustinus erläutert die unterschiedlichen Stillagen an entsprechenden Bibelstellen. Auch könne man die Stilebenen mischen, ja sogar der einfache Stil könne durch die Bedeutung des Gesagten bewegen. Das Hauptbestreben der christlichen Rede müsse sich vor allem auf die Klarheit richten, daher sei eine schlichte, leicht faßliche Diktion am meisten zu empfehlen. Als Ziel der Beredsamkeit definiert er schließlich die Aufgabe, „durch das Reden zu der beabsichtigten Wirkung zu überreden; darum spricht der beredte Mann zwar an sich in jeder der drei Stilarten passend für diesen Zweck der Überredung: aber erst mit der Tatsache der Überredung hat er sein Ziel erreicht." (Augustinus, De doctrina christiana, IV,25,55)

3. Predigt, die neue Redegattung

Die christliche Beredsamkeit bringt in das überlieferte triadische Gattungssystem ein neues, höchst wirkungsmächtiges

Genre: die Predigt; sie sollte sich in späteren Jahrhunderten oftmals als die wichtigste rhetorische Domäne und als der Ort erweisen, an dem die Redekunst wie in einem inneren Exil zu überleben vermochte. Fest an Textexegese und Bibelinterpretation gebunden, teilt sie andererseits alle rhetorischen Wirkungsintentionen, sie ist eine persuasive Gattung wie die anderen auch, bemüht sich, durch Lehre, Vergnügen, Gemütsbewegung ihre Zuhörer zu überzeugen, und ihr Autor, der Prediger, findet in der Lehre von den Produktionsgängen auch die für ihn nötige technische Kenntnis. Trotz aller Unterschiede in den vielen Predigtlehren, die das Mittelalter hervorbrachte, gibt es doch gemeinsame Strukturmerkmale. „Als *ars praedicandi* überträgt Rh[etorik] die Lehren antiker Beredsamkeit, vor allem Anweisungen, die Stoff und Stil und deren Kongruenz betreffen, auf die christliche Predigt, analysiert Fragen der Publikums-Psychologie (Predigt-Formulare für jeden Stand, jedes Alter, jeden Beruf, vom Papst bis zur Dirne!), des Spannung-Erregens, des Wechsels der Töne und der Affektation, behandelt Probleme des Stils – im sakralen Raum ist Mäßigung geboten: Gebeine eines Heiligen wollen nicht kunstreich geschmückt werden –, zeigt Praktiken auf, wie die Materie zu längen und zu kürzen sei, kurz, sie gibt dem *concionator Christianus* den Rang eines *orator* und der Predigt die Bedeutung eines Plädoyers.“ (Jens, Rhetorik, S. 439) Die Regeln, die der Redner für seine Absicht zu überzeugen kennen muß, müßten auch vom Prediger beherrscht werden, erklärt etwa Johannes von Salisbury, und in seiner Schrift *Summa de arte praedicandi* findet man wörtliche Zitate aus der Herennius-Rhetorik. Richard von Thetford (um 1245) machte in seiner *Ars dilatandi sermones* gerade die Amplifikation zu seinem Hauptthema, und in Robert von Basevorns 1322 verfaßter Schrift *Forma praedicandi* finden sich noch einmal all jene Elemente vereint, die die ars praedicandi bestimmten. Wie Augustin fordert der Autor den so beredten wie weisen christlichen Prediger und gibt ihm ganz konkrete Regeln zur Erreichung dieser Absicht an die Hand, zum Beispiel Anweisungen zur Invention des Themas, zur Weise, wie die Zuhörer zu gewinnen seien, zur Amplifikation, zur

Digression, ja schließlich auch zur Modulation der Stimme und zur angemessenen Gestik.

Andererseits sind in die Predigtlehren des Mittelalters auch andere Traditionen eingeflossen (die Dialektik etwa in der Lehre von den *modi*), auch sind die aus der Rhetorik übertragenen Elemente den Anforderungen der Predigt angepaßt, die ein anderes Ordnungsschema als das der überlieferten Redeteile entwickelt hat (dem biblischen *thema* und *prothema* folgt die *divisio* des Themas durch ein Bibelzitat, die *distinctio* der Ideen und ihre *dilatatio,* ihre amplifizierende Erläuterung, bei der man sich wieder auf die Regeln zum vierfachen Schriftsinn bezieht). In all diesen Umformungen aber, in den Anpassungen an Stoff und Redesituation, selbst in den Verquickungen mit anderen Einflüssen bleibt eine rhetorische Traditionslinie deutlich wirksam.

Natürlich blieb das Verhältnis zwischen Rhetorik und christlicher Religion dennoch nicht von Spannungen frei, die in der Offenbarungslehre ihren Grund haben oder aber in einer orthodoxen Theologie, die aus systematischen Oberbegriffen ihre theologisch-praktischen Konsequenzen meint deduzieren zu können (nicht anders, wie dies übrigens auch in der Jurisprudenz immer wieder geschehen ist). Selbst ein so großer und weithin berühmter Redner wie Gregor von Nazianz (2. Hälfte des 3. Jh. n. Chr.), der von sich selber bekannte, daß ihm Leben erst zuteil geworden sei, „als mir die Rede zuteil wurde" (Beck, Untersuchungen zur Theorie des Genus symbuleutikon, S. 14), wirft zeitgenössischen Predigern vor, daß sie die einfache und kunstlose christliche Religion verkünstelt und weltliche Elemente vom Marktplatz ins Heiligtum eingeführt hätten.

4. Die Wissenschaften

Das Mittelalter hat die von den Kirchenvätern und frühen Theologen eröffneten Möglichkeiten konsequent genutzt und entfaltet, doch gehört dieses Kapitel in der Geschichte der Rhetorik zu den dunkelsten und am wenigsten erforschten. Etwas anders sieht es in der Geschichte der Pädagogik, der Wissenschaften und der Bildungsinstitutionen aus, der hier nur einige abschließende Bemerkungen gewidmet sein sollen. Durch Martianus Capellas enzyklopädisches Werk in neun Büchern (5. Jh. n. Chr.): *De nuptiis Philologiae et Mercurii* (*Die Hochzeit der Philologie mit Merkur*) – der Titel bezieht sich auf die mythologische Rahmengeschichte – ist das System der antiken Wissenschaften für die späteren Jahrhunderte überliefert und normbildend geworden; das Werk wurde das wichtigste Schulbuch des Mittelalters und immer wieder ausgeschrieben. Den drei sprachlichen *artes,* die später – wahrscheinlich zur Zeit Alkuins – unter dem Namen *Trivium* zusammengefaßt wurden, folgen die vier mathematischen Disziplinen, die später als *Quadrivium* gebündelt wurden. Die Benennung erklärte Hugo von St. Viktor (um 1096–1141) in seinem *Didascalicon* damit, daß sie als beste Werkzeuge und Anfangsgründe „dem Geiste den Weg [...] bahnen zur vollen Erkenntnis der philosophischen Wahrheit. Daher der Name Drei-Weg *[Trivium]* und Vier-Weg *[= Quadrivium],* weil sie für einen regen Geist gleichsam die Wege sind, auf denen er in die geheimen Gemächer der Weisheit vordringt." (St. Viktor, Didascalicon, S. 188)

Zwar hatte die Philosophie zu Zeiten Hugos von St. Viktor wieder einen neuen Wert bekommen, dennoch zeigt sich in diesen Benennungen der propädeutische Charakter, den die *artes* auch in den Jahrhunderten davor nicht verloren. Die Reihenfolge, in der Martianus Capella die Künste abhandelte (Grammatik, Dialektik, Rhetorik, Geometrie, Arithmetik, Astronomie und Musik), deutet auf die tradierte Zweiteilung in philologische und mathematische Disziplinen, die Folge innerhalb dieser Teilung variiert aber später. Rhetorik erscheint oftmals vor der Dialektik; Grammatik steht allerdings immer an erster Stelle, da sie als die Grundvoraussetzung aller Fächer angesehen wird. Die Ausführungen über die freien Künste sind bei Martianus Capella sehr viel ausführlicher als in den Werken späterer Schriftsteller, die Behandlung des Triviums und Quadriviums erfolgt etwa in gleichem Umfang. Mit dem sprachlichen und interpretativen Interesse der Geistlichen rückte in der Folgezeit das Trivium immer stärker in den Vordergrund, während die Disziplinen des Quadriviums zurücktraten – nicht zuletzt, da das kosmologische Denken als Lehre von den Quantitäten, das in der Antike und Spätantike die Disziplinen verband, durch ein auf ihre pragmatische Nutzung in der christlichen Lehre zielendes Denken abgelöst wurde.

VIII. Der Humanismus als Philosophie der Rhetorik

1. Studia humanitatis

Die Wiederentdeckung und das Studium der alten Schriftsteller sind nur in einem sehr spezifischen Sinne eine Errungenschaft der Renaissance und der sie tragenden geistigen Bewegung des Humanismus. Denn natürlich hatte sich auch das Mittelalter, wie im vorigen Kapitel betont, des antiken Wissens bedient: zur Rechtfertigung des Christentums und zur Exegese der Bibel, für Predigt und Mission und für die Auseinandersetzung mit einer heidnischen Umwelt. Ein anderer Beleg findet sich im Fortwirken der *septem artes liberales,* die Kloster- und Domschulen des Mittelalters orientierten sich an Cicero, Vergil, Seneca oder Martianus Capella, und ob Boëthius, Cassiodor oder Isidor von Sevilla, sie alle schrieben voller Bewunderung über die klassischen Autoren.

Und doch gab es große Lücken, die vor allem auf die höchst fragmentarische, im allgemeinen allein von dem reduzierten christlichen Erkenntnisinteresse geleitete Überlieferung zurückzuführen sind. Die Humanisten erweiterten diese beschränkte Perspektive auf nun freilich unerhörte Weise. Die Musterhaftigkeit des Altertums erstreckte sich für sie auf alle Gebiete, und man entdeckte Errungenschaften der Antike (z. B. in der Philosophie, Malerei und Architektur), die im Mittelalter vergessen worden waren, weil man sie nicht hatte gebrauchen können. Die Rede vom dunklen, barbarischen Mittelalter, von der Forschung längst widerlegt, hat hier ihren nicht unplausiblen Ursprung. Man denke sich das Erstaunen der humanistischen Intellektuellen des 15. und 16. Jahrhunderts, wenn sie in den neuentdeckten oder komplettierten Texten Ciceros oder Quintilians Probleme (etwa der praktischen Handlungsorientierung im Staat) gelöst fanden, die sie noch kaum wahrgenommen hatten.

Die Basis des neuen Verhältnisses zur Antike ist eine neue Beziehung zu den *auctores,* die nun direkter Gegenstand der Studien sind, die man *studia humanitatis* nannte, so daß die

Werke nicht mehr nur in Anthologien oder Kommentaren zur Kenntnis genommen wurden. Ein universales Interesse verband sich mit einem neuen Bewußtsein der Historizität der Sprache und des eigenen Lebens. „Die Lektüre der antiken Schriftsteller bedeutete, ein immer größeres historisches und kritisches Bewußtsein zu erwerben, sich Rechenschaft abzulegen über sich selbst und die anderen Menschen, den Umfang der menschlichen Welt und ihre Entwicklung zu begreifen, zu verstehen, daß die Menschheit zwar eine vielseitige, aber dennoch einheitliche Gesellschaft ist, deren Entwicklung von einer Kraft vorangetragen wird, die sich in der Zeit fortsetzt und den Raum besiegt. Das erneute Studium der antiken Autoren, deren wahren Sinn man wiedergefunden hatte, wurde zur Entdeckung der Bedeutung des Gesprächs und der menschlichen Zusammenarbeit, zur Initiation der Menschen in die Welt. Wenn man die Jugend mit den Klassikern erzog, so half man ihr damals wirklich, die gemeinsame Menschlichkeit in ihrer Entwicklung und in ihrer Einheit zu erkennen." (Garin, Geschichte und Dokumente der abendländischen Pädagogik, II, S. 11)

Welche Rolle die Rhetorik bei der Entwicklung eines neuen und modernen Textverständnisses spielte, mag an einem kleinen Beispiel erhellt werden. Die rhetorisch geschulten Gelehrten, die wie Petrarca (1304–1374) antike Lehrbücher und andere literarische Zeugnisse der philosophischen und wissenschaftlichen Errungenschaften des Altertums systematisch suchten und sammelten, gingen von der in der aptum-Lehre (der Lehre von der Angemessenheit der Rede an alle äußeren und inneren Voraussetzungen) niedergelegten Relativitätsannahme aus, daß nämlich jeder Text an seine Entstehungsbedingungen, an Situation, Ort, Zeit, Raum und Adressaten gebunden bleibt. Auf diese Weise entstand die kritische Textwissenschaft, die Philologie, selber aus rhetorisch-antikem Geist heraus, und ihr zufolge vermögen nur umfassende literarische, philosophische, historische Kenntnisse das antike Wissen aus den originalen Texten zu erschließen. Der *uomo universale,* der universal gebildete Gelehrte, wurde die Leitfigur der Epoche.

Die wenigen Veränderungen im Schulunterricht, die die humanistische Pädagogik durchsetzte, betreffen vor allem Rangfolge und Einteilung der Fächer. Obwohl sich das System der *septem artes liberales* lockert, bleibt es aber in seiner strukturierenden Funktion unangetastet – schließlich war es ein Produkt und Spiegel der antiken Bildung, welche die Humanisten in ihrer Gültigkeit nicht schwächen, sondern stärken wollten. Weshalb vor allem das Sprachstudium in den Mittelpunkt rückte und (die wichtigste Neuerung) durch das Griechische ergänzt wurde, also seinen Platz natürlich im Trivium erhielt. „Die Grundlage des gesamten Unterrichts ist der Elementarunterricht im Lateinischen, ein solider Grammatikunterricht systematischer Art. Neben der Formenlehre werden besonders Prosodie und Metrik geschätzt, für die – beachtlich für Italien in der Mitte des 15. Jahrhunderts! – neben Vergil immer noch das Doctrinale empfohlen wird. Auf der zweiten Stufe setzt das Griechische ein: Formenlehre, leichte Prosaiker, Homer, andere Dichter. Zugleich beginnt die höhere Lateinstufe, die Battista Guarino die geschichtlich betriebene nennt. Die Reihenfolge der Lektüre ist Geschichte, Poesie, Rhetorik, Philosophie. Geschichte, Erdkunde und Astronomie werden in der Lektüre, aber nicht nach eigenem Aufbau und nicht zu eigenen Zwecken behandelt. So ergibt sich ein konsequent humanistischer Lehrplan." (Dolch, Lehrplan des Abendlandes, S. 178) Höchstes Ziel humanistischer Bildung ist die Eloquenz, ihr werden alle anderen Lehrgegenstände untergeordnet. Die ersten vier Jahre waren fast ausschließlich der Grammatik der antiken Sprachen vorbehalten, dazu wurden einige besonders ausgewählte klassische Autoren gelesen; nach dieser gründlichen Vorbereitung erst begannen die Studien in Rhetorik und Dialektik, denen die Fächer des Quadriviums folgten. In der im Spätmittelalter entstehenden Differenzierung der Universitäten fiel der Rhetorik zusammen mit den anderen freien Künsten (in der Artistenfakultät) die Vorbereitung auf das Studium in den drei höheren Fakultäten Theologie, Jurisprudenz und Medizin zu, was aber über ihren wahren Einfluß noch nicht genug verrät: zumindest Jurisprudenz und Theologie müssen gerade unter humanistischem Einfluß als rhetorische Domäne gelten.

2. Leitwissenschaft Rhetorik

Das größte Projekt des Humanismus ist damit freilich noch kaum ins Blickfeld gerückt: die Rhetorik nämlich zur generellen Leitwissenschaft zu machen, ihr ihre politisch-praktische Dimension (zunächst in den oberitalienischen Stadtstaaten, den Geburtsorten der Renaissance) zurückzugeben und die Ciceronianische Einheit von Rede und Moral wiederherzustellen. Für Petrarca ist das Ideal der Weisheit zugleich das der Eloquenz, sapientia und eloquentia, ratio und oratio bilden eine Einheit und zielen gemeinsam auf die praktische Unterweisung zu einem wahrhaft menschlichen Leben, wie er es im Brief an Thomas von Messina ausführt. Das wichtigste Instrument eines auf praktische Lebensbewältigung gerichteten Denkens wird die Topik; Logik und Dialektik werden mit ihr verschmolzen, die Wahrheit an die Wahrscheinlichkeit gebunden. Allein das, was sich als wahrscheinlich überzeugend ausweisen kann, wird auch als Wahrheit akzeptiert, und da die Welt nur zugänglich ist über die Sprache, deren Logik aber die der Rhetorik ist, so steigt diese zu einem universalen Weltprinzip auf. Von Lorenzo Valla (1407–1457) bis Rudolf Agricola (1443–1485) und darüber hinaus ist die Rhetorik und ihre Dialektik sowohl für die Naturphilosophie wie für Fragen der Ethik und die Probleme des rednerischen oder dichterischen Wortes zuständig. Agricola entwirft eine Logik, in der die Künste des Schließens, des Sich-Ausdrückens und Überzeugens zusammengeschlossen werden, Moralphilosophie und Politik werden zu den wichtigsten Gebieten des Denkens, das man „besonders bei den Geschichtsschreibern, den Dichtern und den Rednern" lernen und üben könne. (Garin, Geschichte und Dokumente der abendländischen Pädagogik, II, S. 50)

Das Hin und Her der Disziplinen, das Reklamieren der Dialektik für die Rhetorik und umgekehrt, schließlich die Hypostasierung der Rhetorik zur Universalwissenschaft erscheint höchst irritierend, weil terminologisch unpräzise: die eine Bezeichnung kann für die andere eintreten. So konstatiert Lorenzo Valla eine notwendige Beziehung zwischen Philosophie und Rhetorik, weil diese über die Fülle der Worte (*copia verborum*) verfüge und derart in der Lage sei, die Dinge in ihrer Besonderheit zu erfassen, während die Philosophie eine wesentliche Bestimmung der Wirklichkeit, die Zeit, die historischen Bedingungen des Werdens und Vergehens, außer acht lasse. Das Dasein existiere nur als Vergangenheit, Gegenwart oder Zukunft, und diese Zeit- und Situationsgebundenheit allen Seins werde von der Rhetorik, nicht aber von der Philosophie berücksichtigt. Doch anstatt nun konsequent die Rhetorik als Philosophie (etwa nach dem Vorbild des Isokrates) zu setzen, verlangt Valla vom Philosophen, sich der rhetorischen Methode zu bedienen und das immer Neue, historisch Variable und Situationsgebundene aller Erscheinungen mit ihrer Hilfe zu erkennen. Denn es gehöre zur prinzipiellen Eigenart des rhetorischen Denkens und Sprechens, die Bedeutung dessen, was der Mensch als Wirklichkeit erfährt, im Kontext der je eigenen Situation zu begreifen.

Leonardo Bruni (1370–1444) war Valla in diesem Punkt schon recht weit vorangegangen und hatte auch schon die *circumstantiae,* die Umstände, in denen Worte stehen und die ihren sich stets verändernden Gebrauch bewirken, als entscheidend für die Erkenntnis der von den Worten bezeichneten Gegenstände in den Mittelpunkt des philosophischen Interesses gerückt. Das Denken wird im rhetorischen Sinne tropologisch, insofern es die von Kontexten und Textsituationen jeweils abhängigen Bedeutungen der Worte, nicht mehr ihre fixe logische Wahrheit zu verfolgen hatte. Erasmus von Rotterdam (1467–1536) wird diese humanistisch-rhetorische Methode der Wirklichkeitserschließung auf einen bündigen Nenner bringen: „Man kennt die Dinge nur durch die Worte; wem die Macht über die Sprache fehlt, der wird notwendigerweise kurzsichtig, verblendet und närrisch in seinem Urteil über die Dinge sein.“ (Erasmus von Rotterdam, Die rechte imitatio, Bd. II., S. 51) Um die Begriffsverwirrung noch zu vermehren: Ein anderer Humanist, der Italiener Giovanni Pontano, fordert gar eine „lateinische Philosophie“ anstelle der bisherigen, doch steckt auch dahinter die Entgrenzung der Rhetorik zur Grundlage des gesamten Welt- und Wissenschaftsverständnisses: „Er wunderte sich dennoch, obgleich verschämt und zurückhaltend, daß eben diese Philosophen zu wenig wahrgenommen hatten, was sie selbst die ‚Umstände‘ nennen (denn die Freigebigen müssen überlegen, wieviel sie jemandem geben, wenn sie geben, ebenso was und wie beschaffen und noch sehr vieles andere) und diese Umstände hätten die alten Schriftsteller gewöhnlich alle mit einem einzigen Wort umfaßt und dieses Wort sei ‚Auswahl‘. Wenn M. Cicero vorschreibt, ‚man müsse eine Auswahl unter den Dingen treffen‘, was schreibt er denn daher anderes vor, als daß man den ‚Sinn‘ der Dinge, Zeiten, Personen und Orte beachten müsse und alles andere, das den Handelnden begleitet, der klug sein muß, da gerade diese Überlegung der Klugheit eigentümlich ist?

Darüber beklagte sich jedoch Aegidius, als er mit uns wandelte, wenn auch respektvoll und angemessen, durch die Nachlässigkeit der früheren Philosophen sei bewirkt worden, daß einerseits die römische Sprache, die überströmend reich sei, oft in der höchsten Fülle am Mangel zu leiden scheine, und andererseits die griechischen Wörter, die von zu wenig gebildeten Schriftstellern mit Füßen getreten würden, die eigentliche Kraft und Bedeutung weder lateinisch noch kennzeichnend wiedergäben, so daß es ganz und gar nicht verwunderlich sei, daß jene, die in unserer Zeit die Beredsamkeit studierten, entweder keine oder sehr geringe Mühe auf die Philosophie verwendet hätten, daß aber die Philosophen von Grund auf die Beredsamkeit nicht kennen würden, und wollte Gott! sie wären nicht ihre Feinde.“ (Pontano, Dialoge, S. 601 f.)

Die Rhetorisierung der Philosophie zieht die größtmöglichen Konsequenzen aus dem von den Humanisten vielzitierten Projekt Ciceros, das Schisma zwischen den beiden Disziplinen zu überwinden, gerade um des Primats der *vita activa,* der tätigen Verwirklichung des Menschen willen. Ein Autor wie Colluccio Salutati (1331–1406), ein Sammler alter Manuskripte, begeisterter Leser und gelehrter Kommentator antiker Autoren, gibt dafür auch in seiner eigenen Biographie das beste Exempel. Obwohl hingezogen zum mönchischen Dasein und mit seiner Schrift *De seculo et religione* ein hymnischer Lobredner auf das Mönchtum, entsagte er selber doch dem einsamen Gelehrtenleben, das nicht mit seinem Ideal vom rednerisch tätigen und politisch geschickten Philosophen in Übereinstimmung zu bringen war. Wohin man gestellt ist, dort muß man ein nützliches Dasein für seine Mitbürger und den Staat führen, räsonierte der Kanzler der Republik Florenz – auch gegen sich selber.

Es zeitigt die weitreichendsten Folgen, wenn sich das Wissen erst als Wissen erweisen läßt, indem es praktisch wird, denn praktisch kann es nur werden, wenn es seine Adressaten auch erreicht. Dieser Zusammenhang liegt den Reflexionen der Humanisten über die Vermittlungsmöglichkeiten der Sprache zugrunde, denn zuletzt ist es dann die Akzeptanz eines Arguments, einer Erzählung, die über ihre Richtigkeit entscheidet. Damit hängt es zusammen, daß die Dichtung bei den meisten Theoretikern in den Rang eines *organons* der Wirklichkeit gelangt, in welchem die Dinge und Erscheinungen direkt verständlich werden, weil die poetischen Worte zu „der Gestalt, dem Charakter, den Worten und den Handlungen jedes beseelten Wesens, zu den Bewegungen des Himmels und der Sterne, dem Toben und Stürmen des Windes, dem Knistern der Flammen, dem tönenden Geräusch der Wellen, den Gipfeln der Berge, dem Schatten der Wälder und dem Strömen der Flüsse [...] werden." (Garin, Geschichte und Dokumente der abendländischen Pädagogik, II, S. 7) Die Dichter erschließen die Welt in ihren Darstellungen und konstituieren sie in ihren Bildern, das ist ihre wichtigste Funktion, und diese macht sie für ein rhetorisches Weltverständnis zu exemplarischen Vorbildern.

Pontano hat daher die Dichtung als Teil der Redekunst begriffen, andere, wie Boccaccio oder Salutati, haben sie in emphatischen Lobreden gegen die Angriffe christlicher Puristen oder scholastischer Philosophen verteidigt. Das pathos solcher Schriften, der frohgemute Ton, die Stimmung des Entdeckens und Erfindens, die das humanistische Schriftgut kennzeichnen, dürfen aber nicht darüber hinwegtäuschen, daß sie auf einer durchaus realistischen Anthropologie beruhten. So wie Boccaccio die Heilkraft der Poesie gegen die Hinfälligkeit des Daseins hält, so hat Leonardo Bruni die *litterae* als Funktion des Menschen, dieses Mängelwesens, begriffen: „diesem schwachen, für sich selbst lebensunfähigen Tier" (Bruni, Humanistisch-philosophische Schriften, S. 39) sind Rhetorik, Philosophie, Ethik, Politik lebensnotwendige Kompensationen. Oder mit den Worten Ernesto Grassis: „Durch den Vorrang des geschichtlichen Wortes gegenüber dem rationalen [im Humanismus] ist die Aufgabe der rhetorischen Sprache nicht mehr die der *persuasio,* die im Dienste einer ‚logischen' Wahrheit steht, sondern die Rhetorik selbst wird der Ausdruck eines ursprünglichen Philosophierens." (Grassi, Rhetorischer Humanismus, S. 168)

IX. Höfische Rhetorik

1. Historische Voraussetzungen

Geburtsstätten der Renaissance waren die oberitalienischen Stadtrepubliken wie Florenz, Venedig, Siena, Mantua oder Urbino. Durch die Schwächung von Kaiser- und Papsttum, den Zerfall der zentralistischen Mächte, wurden die regionalistischen Kräfte frei und bekamen Raum zur Entfaltung. Jakob Burckhardt hat Florenz den ersten modernen Staat der Welt genannt. Hier hatte das städtische Bürgertum, das Handelsbürgertum vor allem, im Bund mit den absolut werdenden Fürsten den richterlichen Feudalismus zuerst gebrochen, eine Führungsschicht von Großkaufleuten und Bankiers bestimmte das staatliche und gesellschaftliche Leben, Manufakturen entstanden neben Handwerksbetrieben, Kalkulation bestimmte die Wirtschaft, es begann die Rechenhaftigkeit der Welt, und der ökonomische Rationalismus schuf den offenen Weltmarkt. „Für die Tätigkeit ist der Mensch geschaffen, und der Nutzen ist seine Bestimmung", schrieb der berühmte Rhetor, Kunsttheoretiker und Architekt Leon Battista Alberti. (Alberti, Baukunst, 1,10) Die Humanisten der Frührenaissance fanden unter diesen Verhältnissen ideale Lebens- und Arbeitsbedingungen. An die Stelle der religiösen, an den Feudalismus gebundenen Kultur setzten sie eine der allgemein verfügbaren Vernunft. Sie wurden die geistigen Träger dieser neuen Kultur, im Bunde mit der Rhetorik emanzipierte sich die Philosophie von der Theologie und erhielt jene praktische Orientierung, von der bereits die Rede war. Die vollkommene Erneuerung der Bildung und Pädagogik geschah auch deshalb unter der stetigen Berufung auf die Antike, weil die ehrgeizigen bürgerlichen Intellektuellen einen empirischen Nachweis und eine historische Legitimation ihrer Ziele und Vorstellungen benötigten. „So verbinden die Humanisten die demokratisch nivellierende Ideologie der ‚humanitas', welche alle ständischen Prärogativen abträgt, mit einer Erhebung der ‚virtus' mit dem humanistischen ‚studium': aus der neuen Distanzhaltung des Intellektuellen und des Rhetors heraus, der sich im Besitz des (der Zeit gemäßen und darüber hinaus ‚allgemein menschlichen') Bildungswissens und in der Verfügung über die Form fühlt („sapientia et eloquentia')." (Martin, Soziologie, S. 4) Die restaurativen Tendenzen der neuen Klasse sind die Kehrseite solcher Wendung in die Vergangenheit. Der Hof gewann für diese situierte und arrivierte Klasse eine beherrschende Bedeutung: er ist gesellschaftlicher Mittelpunkt, Sammelpunkt der Elite, ohne sich doch dem Nichtadel zu versperren; er wird zur Vermittlung der vom Bürger getragenen neuen Kultur mit den alten Formen des Feudalismus. Diese Aristokratisierung des Bürgertums geht dann schließlich so weit, daß Baldesar Castiglione (1478–1529) vom wirklichen Hofmann wieder die adlige Abstammung verlangt. Ohne Widerspruch sozusagen: die Jagd nach Adelstiteln bestätigte ihn nur. Sein *Buch vom Hofmann* (wiederum in Form eines diesmal unterhaltsam-geselligen Lehrdialogs geschrieben) gibt die genaue Beschreibung dieser neuhöfischen Kultur, ihrer Formen und Ausdrucksweisen. „Der Hofmann ist nicht mehr der freie Bürger einer freien Republik, der stets auch souverän war. Er ist ein Mann des Hofes, im Dienste des Souveräns, steht dem Fürsten nahe und ist sein Mitarbeiter. Manchmal scheinen hier die Formen der humanistischen Erziehung weiterzuleben [...]" (Garin, Geschichte und Dokumente der abendländischen Pädagogik, Bd. II, S. 47)

2. Das Buch vom Hofmann

Diese humanistischen Bildungsformen leben natürlich weiter. Die demokratische Reserve gegen die Herrschaftsrhetorik, die in der Geschichte der Redekunst auch den Topos von der Zusammengehörigkeit von *Rhetorik und Republik* höchst wirksam geweckt und wachgehalten hatte, hat die Geschichtsschreibung lange Zeit recht einäugig gemacht. Tatsächlich waren schon die Humanisten in ihrer Eigenschaft als Sekretäre, Gesandte, politische Beamte darauf angewiesen gewesen, unter höfischen Bedingungen zu agieren. So verwundert es nicht, daß dieses „ganze Vorspiel bürgerlicher Geschichte, das wir Renaissance nennen, [...] demokratisch an[fängt], um höfisch zu enden" (Martin, Soziologie, S. 42) und das Ideal humanistischer Bildung sich ohne große Schwierigkeiten in die wiedererstarkte höfische Kultur integrieren ließ.

Das von Castiglione so brauchbar nachformulierte humanistisch-höfische Bildungsideal hat einen kaum zu unterschätzenden Einfluß auf die europäische Bildungstradition der Folgezeit gehabt. *Il libro del Cortegiano* wurde in alle Kultursprachen übersetzt, darunter bereits 1560 ins Deutsche, es wurde bis ins 18. Jahrhundert zum Muster und Vorbild einer ganzen höfischen Literaturgattung, in der das „Bündnis von Hofideal und humanistisch-rhetorischer Bildung" vollendet erscheint. (Barner, Barockrhetorik, S. 369) Auch die Adelserziehung in Deutschland ist seit Anfang des 17. Jahrhunderts – die ersten Übersetzungen romanischer Hofliteratur erschienen Ende des 16. Jahrhunderts – ohne das höfische Bildungsideal des „Cortegiano", der sowohl Hofmann wie Weltmann sein sollte, kaum vorstellbar. Denn daß Sitte und Lebensart den Menschen machen, diese humanistische Überzeugung verteidigt auch Castiglione ausdrücklich. Dummheit nennt er es, wenn der Hofmann seine Vorzüge verbirgt, während er sie doch nur durch Kunst zu ihrer glänzenden Erscheinung zu bringen habe. „Und wenn ihr einen Edelstein habt, der sich ungefasst als schön erweist und in die Hände eines guten Goldschmiedes kommt, der ihn durch richtige Fassung noch sehr viel schöner erscheinen läßt, dann werdet ihr nicht sagen, daß jener Goldschmied die Augen dessen, der ihn sieht, betrügt!" (Castiglione, Buch vom Hofmann, S. 164) Und wenn Messer Federico in derselben Unterredung des in mehrere Dialoge gegliederten Buchs auch etwas salopp den Vorwurf der Täuschung für solche Veredlung wenigstens scheinbar akzeptiert, so betont er doch wenig später, daß der Hofmann nicht „den Namen eines Lügners oder Eitlen" erwerben dürfe und in allen Gesprächen darauf zu achten habe, „nicht das Wahrscheinliche zu verlassen und auch nicht zu oft jene Wahrheiten zu sagen, die das Aussehen von Lügen haben" (Castiglione, Buch vom Hofmann, S. 164f.) – eine zutiefst rhetorische Lehre, die gerade der Wahrheitsfindung verpflichtet ist. Denn eine Wahrheit, die nicht auch als solche erscheinen kann, etwa weil das äußere aptum, die Angemessenheit an die Redesituation, gestört ist, ist nicht überzeugungskräftig und kann daher gerade für das Gegenteil ihrer selber genommen werden – was der Wahrheit einer Sache nicht dient.

Der vollkommene Hofmann ist ganz nach dem Modell des *vir bonus* der Rhetorik entworfen, auch wenn weder Volksversammlung noch Gericht, sondern die höfische Geselligkeit den Ort seiner praktischen Bewährung definiert. Universale Bildung, die sich nie in bloße trockene Fachgelehrsamkeit versteigen darf, eine Konversation, die alles Gekünstelte und Gezierte vermeiden muß, schließlich in allem Verhalten, allen Handlungen und Tätigkeiten Leichtigkeit (*sprezzatura*) und Anmut (*grazia*) zeigen muß. Die *urbanitas* des Ciceronianischen vir bonus entfaltet in den fiktiven Gesprächen am Hof von Urbino, wo Graf Castiglione, der eigenen Erfahrung folgend, seine Szenen spielen läßt, ihre glänzendsten Seiten. Das souveräne Auftreten, die Feinheit im geselligen Umgang, das gut abgemessene und wohl angemessene Verhalten (*decoro*), das sich in keine Extrempositionen mitreißen läßt, die allseitige Bildung und vornehme Gesprächsführung, schließlich die Identifikation von Tugendhaftigkeit mit wahrem Adel, im Verein mit bis ins Detail gehenden Erörterungen von Bekleidungsfragen, Problemen des Spiels und der Unterhaltung, selber unterhaltend mit vielen kulturhistorisch interessanten Beispielen erläutert, verbinden sich zu einem Bildungsideal, das von europäischer Wirkung werden sollte. Die Überzeugung, daß Sprache wirkungsbezogenes Mittel der Verständigung und Medium aller kulturellen Tätigkeiten sei, daß aber der Sprechende in allen seinen Äußerungen und seiner ganzen Erscheinung seine eigene Wahrheit darstelle und er sich daher ihr angemessen zu verhalten habe, die Überzeugung schließlich, die für die soziale Organisation strukturbildend bleiben sollte, daß nämlich die Verfügung über die Form auch die Verfügung über den Inhalt bedeute – ob *gentilhomme* oder *honnête homme*, ob der Gebildete oder der Gentleman –: sie sind ohne diese Voraussetzungen nicht denkbar. In allen diesen Musterbildern wurde der vir bonus, wenn auch den jeweiligen sozialen Repräsentationsbedürfnissen der auf sie zugeschnittenen Individuen angepaßt, zu einer merkwürdig konsistent bleibenden Idealfigur.

3. Formen und Funktion der höfischen Beredsamkeit

Die Neuorientierung der Rhetorik auf die höfische Gesellschaft schuf auch eine neue Beredsamkeit, die sich zwar aus den klassischen Quellen speiste, aber mit der Schulrhetorik des 16. und 17. Jahrhunderts wenig mehr gemein hatte. Die drei klassischen Redegattungen (Gerichts-, politische Beratungs- und Festrede) dominierten den Unterricht nach wie vor, die Predigt trat in den geistlichen Ausbildungsgängen hinzu. Die Festrede blieb dagegen auf Dauer in der politisch-gesellschaftlichen Wirklichkeit des Hofes das einzig wichtige, praktisch bedeutungsvolle genus, wobei sie den kommunikativ-zeremoniellen Bedürfnissen angepaßt wurde; das heißt, daß je nach Situation und Zweck durchaus Elemente der Beratungsrede von ihr adaptiert werden konnten. Vor dem Dreißigjährigen Krieg trifft man sogar auf die politische Rede „in der Phase ständischer Mitregierung in den Territorien des Reiches" (Braungart, Hofberedsamkeit, S. 36), da der Huldigung die Versicherung der eigenen Rechte vorausgehen sollte. „Die Landstände verstehen sich als Mitträger der Staatsgewalt. In einem Konflikt, der eben gezeigt hatte, wie wenig der Landesherr in einem Land ein Faktor der Stabilität und Kontinuität ist, wie sehr es ihm als sein beweglicher und unveräußerbarer Besitz gilt, hat solch eine Ansicht viel Plausibilität für sich." (Braungart, Hofberedsamkeit, S. 37)

Da die als pedantisch geltende Schulrhetorik keine Beziehungen zur höfischen Welt unterhielt, entstand eine ganze Ratgeber-Literatur, die nicht mehr in erster Linie wie die Hofmanns-Bücher ein Bildungsideal verbreiten, sondern im Gegenteil der Konkurrenzsituation des Hofes praktisch und konkret Rechnung tragen sollten. Die Fertigkeiten, die der höfische Redner besitzen mußte, um bei spezifischen öffentlichen Anlässen (und die höfische Gesellschaft kennt keine Trennung von öffentlich und privat in unserem Sinne) vor dem Herrscher und in Rivalität zu den anderen Hofleuten zu bestehen, umfassen das gesamte rhetorische Gebiet: von der angemessenen Kleidung bis zur richtigen Titulatur, vom Anstand in Mienen und Gebärden bis zur kurzweiligen Konversation. Schon der ausführliche Titel eines zeitgenössischen Lehrbuchs der Kavaliersberedsamkeit wie das von Julius Bernhard von Rohr (1728) verrät die Vielfalt und Spezifik dieser praktischen Rhetorik: *Einleitung zur Ceremoniel-Wissenschafft Der Privat-Personen / Welche die allgemeinen Regeln / die bey der Mode, den Titulaturen / dem Range / den Compliments, den Geberden, und bey Höfen überhaupt, als auch bey den geistl. Handlungen / in der Conversation, bei der Correspondenz, bey Visiten, Assembleen, Spielen, Umgang mit Dames, Gastereyen, Divertissemens, Ausmeublierung der Zimmer / Kleidung, Equipage, u.s.w. Jnsonderheit dem Wohlstand nach von einem jungen Teutschen Cavalier in Obacht zu nehmen / vorträgt [...]* (Rohr, Ceremoniel-Wissenschafft Der Privat-Personen, S. 309)

Versucht man, eine Ordnung in die Fülle höfischer und durchaus politischer Gelegenheitsrhetorik zu bringen, empfiehlt sich eine Unterscheidung nach den Anlässen: ob es sich nämlich um Huldigungen oder diplomatische Reden, um Audienz-Vorträge oder zeremonielle Komplimentierreden handelt oder aber um Reden bei persönlich-familiären Gelegenheiten (wie Geburt, Taufe, Brautwerbung), die freilich ebenfalls „unmittelbar und in höchstem Grad von politischem Charakter" sind. (Braungart, Hofberedsamkeit, S. 152) Die zeremonielle Durchdringung und Fixierung der praktischen höfischen Rhetorik war so groß, daß alle Formen in hohem Maße stereotypisiert wurden und die Reden vielfach (besonders stark etwa in der Kanzlei-Beredsamkeit) in dem in der Regel bloß mündlichen Ergänzen und Ausfüllen eines bestehenden, ziemlich detaillierten Gerüsts bestanden. Die derart weit getriebene Konventionalisierung hatte freilich eine weitere rhetorisch interessante Konsequenz: die Kunst der Nuancierung, des Kommunizierens über die kleinen, kaum merkbaren, manchmal nur in Ton oder Körperberedsamkeit angezeigten Abweichungen vom Muster erreichte eine derartige Vollkommenheit wie wohl vorher und nachher nicht wieder.

Die Rede selber, in den seltensten Fällen schriftlich vorbereitet, muß zuallererst an die äußeren Umstände angepaßt werden: das äußere aptum ist die wichtigste Tugend. So kommt es, daß Formulierung, Schmuck, syntaktische Komposition eher in den Hintergrund treten, der Bereich der actio, der Rede-Aufführung, dafür außerordentliche Bedeutung gewinnt. In der Rede nicht steckenbleiben, durch unordentlichen Vortrag und Weitläufigkeit nicht langweilen (die Kürze, *brevitas,* ist das höchste Stilideal der höfischen Beredsamkeit), Ort und Adressaten richtig einschätzen, selber in den Hintergrund treten – das sind die wichtigsten Qualitäten. Zuletzt ist es immer das Hof- und Staatszeremoniell, in das sich die Rede einzupassen hat, von dem aus sie als „schicklich" oder nicht bewertet wird. „Das Staats=Ceremoniel schreibet den äusserlichen Handlungen der Regenten, oder derer die ihre Personen vorstellen, eine gewisse Weise der Wohlanständigkeit vor, damit sie hierdurch ihre Ehre und Ansehen bey ihren Unterthanen und Bedienten, bey ihren Hoch=Fürstlichen Anverwandten und bey andern Mitregenten entweder erhalten, oder noch vermehren und vergrössern. Die Staats=Ceremoniel-Wissenschafft reguliret die Handlungen der grossen Herren, die sie in Ansehung ihrer selbst, ihrer Familie und ihrer Unterthanen vornehmen, und setzet auch dem, womit sie andere Fürsten oder ihre Gesandten beehren, eine gewisse Ziel und Maaße." (Braungart, Hofberedsamkeit, S. 26)

X. Rhetorisierung der Künste

1. Rhetorik und Poetik im 17. Jahrhundert

In der Kulturepoche des 17. Jahrhunderts, die man, in Erweiterung eines kunstgeschichtlichen Begriffs, *Barock* zu nennen sich angewöhnt hat, erreicht die Rhetorik ihre vorläufig letzte Hochblüte. Nie wieder hat es seither eine Epoche gegeben, in welcher sie alle wissenschaftlichen, künstlerischen und lebenspraktischen Äußerungen einbezogen hat. Die bis zur Identifikation reichende Bindung von Poesie und Rhetorik ist dabei noch das unauffälligste Phänomen, weil es im Barock kaum anders gesehen wurde als im Humanismus, im Mittelalter oder in der Antike. Ob Scaliger oder Melanchthon, Pontanus oder Vossin, Opitz oder Harsdörffer: der von Natur oder göttlich begabte Dichter ist immer zugleich und indem er Dichter ist auch Rhetor, der die Kunstmittel der rhetorischen Texttheorie beherrschen muß, um seine Erfindungen oder Inspirationen wirkungsvoll vermitteln zu können. „Das wichtigste Kriterium des rhetorischen Sprechens ergibt sich daraus, daß sich der Redner stets einem Publikum, einem echten oder bloß imaginierten, gegenüber weiß. Daraus resultiert die Scheindialektik und Theatralik, das permanente Repräsentationsbewußtsein der Barockpoesie. Daraus resultieren ferner die stilbestimmende Rolle der Pronomina Du und Wir in dieser Lyrik, der ganze Wortschatz und die Syntax der Anrede." (Wiedemann, Johann Klaj und seine Redeoratorien, S. 121) So lautet das übliche Diktum der Barockforschung, doch in Wahrheit liegen die Verhältnisse umgekehrt. Die im Kapitel *Höfische Rhetorik* skizzierten Bedürfnisse der kulturtragenden höfischen Gesellschaft, *ihr* Repräsentationsbewußtsein, *ihre* Affektlage, *ihr* Zeremonialwesen, haben eine Rhetorik ausgebildet, die ihnen entsprach und die ihrerseits wieder die sogenannte Barockdichtung prägte.

Deren herausragendes Merkmal sind nun auch nicht Scheindialektik und Theatralik, wie das aus der Perspektive der Aufklärung und des 18. Jahrhunderts aussehen mochte, sondern ist die besonders ausgeklügelte und reiche Rhetorik der Affekte. Zwar ist der Dichter des 17. Jahrhunderts auch Moralist, Lehrer, Mahner, Prediger, doch über alles geht ihm die emotional-suggestive Kraft der Sprache, die Affektwirkung erscheint ihm als sicherste Möglichkeit, sein Publikum zu gewinnen. „Es heisset aber zierlich reden / nicht mit lustigem Gethön die Ohren füllen / sondern mit weisen / scharfen und durchdringenden Machtansprüchen: auch mit auserlesenen / zu der Sach dienlichen und heilsamen Worten reden: und zwar also reden / daß die jenigen / an welche die Rede geschickt / nach Gelegenheit der Zeit / sittiglich und gewaltiglich uberredet werden." (Meyfarth, Teutsche Rhetorica oder Redekunst, S. 59f.) Zierlich reden, das Stilideal der elegantia, das der Humanismus aufstellte und welches die Barockliteratur auf ihre Weise auslegt, umfaßt eine ganze Skala von Gefühlswirkungen, die vom Ergötzen und Belustigen (*delectare*) bis zum gewaltig alle Leidenschaften erregenden Sprechen reicht, ja darin sich eigentlich vollendet.

Wichtigstes Mittel, diese Gefühlswirkungen zu erreichen, sind die rhetorischen Figuren, die von der Rhetorik in Wortfiguren (*figurae verborum*) und Gedankenfiguren (*figurae sententiarum*) unterteilt werden, wobei freilich die Übergänge manchmal fließend sind und die Systematisierungen daher bei verschiedenen Theoretikern auch unterschiedlich ausfallen. Noch Gottsched nennt die Figuren kurz und bündig „die Sprache der Leidenschaften" (Gottsched, Ausführliche Redekunst, S. 273), sie werden vom Barockdichter vorzüglich hinsichtlich ihrer wirkungssteigernden, d. h. gefühlserregenden Wirkung ausgesucht und um des Überwältigungsziels willen in steigernder Funktion gebraucht. Ausgezeichnete Bedeutung gewinnen daher die Wiederholungs- und Amplifikationsfiguren, hinzu kommen alle Spielarten der Tropen, auch sie in gehäufter, sich gegenseitig steigernder Form.

Doch ist das 17. Jahrhundert nur gewaltsam auf eine einheitliche Formel zu bringen; zwischen Frühbarock und Spätbarock, zwischen den eher klassizistischen Versen eines Simon Dach, den klar argumentierenden, zurückhaltend geschmückten Liedern eines Paul Gerhard und den manieristischen Formkunststücken der Schlesischen Schule (Gryphius, Hofmannswaldau, Lohenstein) gibt es nur wenige rhetorische Gemeinsamkeiten – mit der Ausnahme, daß alle diese Dichter sich aus der Fülle rhetorischer Stilmöglichkeiten die ihnen und ihren Zwecken entsprechenden auswählten. Gefühlserregung war ihr gemeinsamer Zweck, doch zwischen der rührenden und der pathetisch bewegenden, zu Schrecken und Bewunderung veranlassenden Schreib- und Redeweise gibt es eine ganze Skala von Differenzierungen, von denen bei den Barockautoren keine vernachlässigt wurde. Die „entschiedene Begründung der Dichtkunst in der Rhetorik" (Krummacher, Das barocke Epicedium, S. 107) ist der wirkliche Grundzug der Zeit, Muster- und Regelhaftigkeit, Gelehrsamkeit und Virtuosität, Traditionsgebundenheit und übernationale Orientierung der Literatur sind die eigentlich anstößigen Punkte, die die Autoren des 18. Jahrhunderts zu vehementer Ablehnung veranlassen sollten. Der von ihnen pauschal erhobene Schwulst-Vorwurf aber trifft, wenn überhaupt, nur die manieristische Spielart rhetorisch-barocker Dichtung.

2. Rhetorische Kunst- und Musiktheorie

Wie die Literatur werden auch Musik und Malerei prinzipiell von ihrer Wirkung her verstanden, und die Lehrbücher der Zeit schreiben im wesentlichen die rhetorischen Theorien der Renaissance fort. Im Mittelpunkt stehen die persuasive Funktion sowie die Bewegung der Gefühle und Leidenschaften als den sichersten Mitteln, jene künstlerische Überredung des Publikums zu erreichen. So wie die „Klangrede" durch die Erregung der Gemütsbewegungen die Herzen der Hörer überwältigen soll, wie es J. A. Scheibes *Critischer Musikus* (1737–1740) formuliert, so soll die Malerei nach dem Willen G. Paleottis die „Seelen der Betrachter [...] rühren." (Paleotti, Discorso intorno alle immagine sacre e profane, S. 117) Die Identifizierung der Künste unter rhetorischen Vorzeichen konnte sich auf Quintilian berufen, die Renaissance-Theoretiker, ob Leonardo,

Alberti oder Burmeister, waren dessen Absichten schon sehr weit nachgekommen, aber erst die Barock-Autoren und -Künstler vollendeten jene Vision von der Einheit der Künste sub specie rhetoricae. Es sind keine bloßen Parallelisierungen, gar Analogiebildungen, wenn Burmeister die musikalischen genera styli als genera dicendi auffaßt und die Ciceronianische Drei-Stil-Lehre musikalisch rekonstruiert oder wenn A. Kircher eine Figurenlehre der Musik entwirft und C. Weissenborn sogar fünfzehn loci topici für die Inventionsphase beim Komponieren zusammenstellt. Die Musik galt als rhetorische Kunst, und die rhetorische Struktur (ob bei den Produktionsphasen, der Werkeinteilung von exordium bis peroratio oder der topischen Inventionslehre) erlaubt gar keine andere Theoriebildung. Dasselbe gilt für die Malerei. Auch hier ist ihr rhetorischer Begriff nicht aufgesetzt, sondern entspricht der durchgängigen rhetorischen Konstanz, vollkommener rhetorischer Bestimmtheit und Übereinstimmung. Als Aufgaben des Malers nennt etwa Paleotti „dilettare, insegnare, e movere" (Paleotti, Discorso intorno alle immagine sacre e profane, S. 118) (*erfreuen, belehren und bewegen*), Cesare Ripa entwarf eine rhetorische Theorie der Bildmetaphorik, für die Darstellung der Affekte entwickelte man eine malerische Physiognomik, die sich eng an die Lehrbücher der körperlichen Beredsamkeit anlehnte, Fragen der Farbe und des Kolorits, der Draperie und Dekoration wurden als elocutio-Probleme gefaßt, und auch das System der Redeteile findet sich wieder mit exordium, narratio oder historia und peroratio.

Nicht zu Unrecht hat man dem Barock immer wieder die Neigung zum Gesamtkunstwerk nachgesagt. Die einheitliche rhetorische Theorie der Künste legt als Konsequenz ihre Grenzüberschreitung nahe. In den barocken Monumentaldekorationen gehen nicht nur Malerei und Plastik ineinander über, Narration und allegorische Umschreibung sind keine Bildertechniken, sondern, wie Walter Benjamin festgestellt hat, „Ausdruck, so wie die Sprache Ausdruck ist, ja so wie die Schrift". (Benjamin, Der Ursprung des deutschen Trauerspiels, S. 178) In der Poesie herrscht die Horazsche „ut pictura poesis-Doktrin", Figurengedichte und Emblem-Bücher überschreiten die Grenze zwischen Wort und Bild, in der musikalischen Satzgestaltung und Instrumentierung werden topoi oder loci bestimmend, die bei den Hörern sofort bestimmte Bilder oder Szenen evozieren, Lied, Arie, Oper avancieren zu den Modellen des rhetorisch geleiteten Willens zur Vereinigung der Künste. Diese lag auch in der Logik ihrer Wirkungsabsicht: eine größtmögliche Steigerung des Lebens, eine totale „Bemeisterung" des Menschen durch die Kunst zu erreichen.

Wenn die Rhetorik ihre Entstehung und Konstanz durch alle Brüche hindurch der Tatsache verdankt, daß der Mensch ein Mängelwesen ist, das aus Not und Evidenzmangel rhetorischer Kunstfertigkeit bedarf, so hat das Barock auch aus diesem anthropologischen Prinzip des unzureichenden Grundes die weitestgehenden Schlußfolgerungen gezogen. Im barocken Fest, das nun wirklich Gesamtkunstwerk ist, an dem alle Künste bis hin zu denen des Feuerwerks, der Wasserspiele und der illusionistischen Magie beteiligt sind, erreicht die rhetorische Kunstabsicht ihre gültigste Form. Sein Raum ist das höfische Leben, das, mit Richard Alewyns Worten, „totales Fest" ist, ohne Werktag als Gegenpol: „Am Grunde des barocken Festeifers liegt das Eingeständnis, daß das Leben es nötig habe." (Alewyn, Das große Welttheater, S. 15)

Literaturverzeichnis

Alberti, Leon Battista: *Zehn Bücher über die Baukunst.* Darmstadt 1975.

Alewyn, Richard: *Das große Welttheater. Die Epoche der höfischen Feste.* München 1985.

Aristoteles: *Metaphysik.* Übers. von Franz G. Schwarz. Stuttgart 1970.

– *Poetik.* Übers. von Manfred Fuhrmann. Stuttgart 1982.

– *Rhetorik an Alexander.* Übers. von Paul Gohlke. Paderborn 1959.

– *Rhetorik.* Übers. von Franz G. Sieveke. München 1980.

– *Topik.* Übers. von Eduard Rolfes. Hamburg 1968.

Augustinus, Aurelius: *Vier Bücher über die christliche Lehre (De doctrina christiana) Des heiligen Kirchenvaters Aurelius Augustinus Ausgewählte Schriften.* Bd. VIII, München 1925.

Barner, Wilfried: *Barockrhetorik.* Tübingen 1970.

Beck, Ingo: *Untersuchungen zur Theorie des Genos symboleutikon.* Hamburg 1970.

Benjamin, Walter: *Der Ursprung des deutschen Trauerspiels.* Frankfurt a. M. 1963.

Bloch, Ernst: *Antike Philosophie. Leipziger Vorlesungen zur Geschichte der Philosophie.* Bd. I. Frankfurt a.M. 1985.

Braungart, Georg: *Hofberedsamkeit. Studien zu Praxis höfisch-politischer Rede im deutschen Territorialabsolutismus.* Tübingen 1988.

Bruni, Leonardo: *Humanistisch-philosophische Schriften mit einer Chronologie seiner Werke und Briefe.* Hans Baron (Hrsg.), Leipzig/Berlin 1928.

Capelle, Wilhelm (Hrsg.): *Die Vorsokratiker.* Stuttgart 1968.

Castiglione, Baldesar: *Das Buch vom Hofmann.* Übers. von Fritz Baumgart. Bremen 1960.

Cicero, Marcus Tullius: *Brutus.* Übers. von Julius Sommerbrodt. München o. J.

– *Der Redner.* Übers. von Wilhelm Binder. München o. J.

– *Rhetorik oder von der rhetorischen Erfindungskunst.* Übers. von Wilhelm Binder. Stuttgart o. J.

– *Über den Redner.* Übers. von Harald Merklin. Stuttgart 1976.

Clark, Martin Lowther: *Die Rhetorik bei den Römern. Ein historischer Abriß. Göttingen 1968.*

Diels, Hermann: *Die Fragmente der Vorsokratiker.* 6. verb. Aufl. W. Kranz (Hrsg.). Berlin 1951 f.

Dockhorn, Klaus: *Macht und Wirkung der Rhetorik. Vier Aufsätze zur Ideengeschichte der Vormoderne.* Bad Homburg v. d. H. u. a. 1968.

Dolch, Josef: *Lehrplan des Abendlandes. Zweieinhalb Jahrtausende seiner Geschichte.* Darmstadt 1982.

Erasmus von Rotterdam: *Die rechte imitatio*. In: Eugenio Garin: *Geschichte und Dokumente der abendländischen Pädagogik*. Reinbek bei Hamburg 1964. S. 256ff.
Freytag, Wiebke: *Allegorie, Allegorese*. In: *Historisches Wörterbuch der Rhetorik*, Bd. I, Tübingen 1992, S. 330–392.
Fuhrmann, Manfred: *Die Antike Rhetorik*. München 1984.
– *Rom in der Spätantike: Porträt einer Epoche*. München u.a. 1994.
Gadamer, Hans-Georg: *Rhetorik, Hermeneutik und Idelologiekritik. Metakritische Erörterungen zu Wahrheit und Methode*. In: K.-O. Apel, C. v. Bormann u.a. (Hrsg.): *Hermeneutik und Ideologiekritik*. Frankfurt 1971.
Garin, Eugenio: *Geschichte und Dokumente der abendländischen Pädagogik*. Reinbek bei Hamburg 1964.
Gomperz, Heinrich: *Sophistik und Rhetorik. Das Bildungsideal in seinem Verhältnis zur Philosophie des V. Jahrhunderts*. Leipzig u.a. 1964.
Gottsched, Johann Christoph: *Ausführliche Redekunst. Nach einer Anleitung der alten Griechen und Römer, wie auch der neueren Ausländer*. Hildesheim/New York 1973.
Grassi, Ernesto: *Die Theorie des Schönen in der Antike* Köln 1962.
– *Rhetorischer Humanismus: Die Liebe zum Wort, Philologie*. In: H. Schanze, J. Kopperschmidt (Hrsg.): *Rhetorik und Philosophie*. München 1989. S. 159–168.
Hegel, Georg Wilhelm Friedrich: *Vorlesungen über die Geschichte der Philosophie I*. In: *Werke in zwanzig Bänden*. Bd. 18. Frankfurt a.M. 1971.
Heuss, Alfred: *Hellas*. In: *Propyläen Weltgeschichte*, Bd. III,1, Griechenland. Die hellenistische Welt. Frankfurt a. M. u.a. 1962, S. 69–400.
Homer: *Ilias*. Übers. von Johann Heinrich Voß. Berlin u.a. 1956.
Hommel, Hildebrecht: *Rhetorik*. In: *Lexikon der alten Welt*. Zürich u.a. 1965, S. 2611–2626.
Hugo von St. Viktor: *Didascalicon de studio legendi*. In: Garin, Eugenio: *Geschichte und Dokumente der abendländischen Pädagogik*. Reinbek bei Hamburg 1964, Bd. I, S. 164–210.
Jens, Walter: *Rhetorik*. In: *Reallexikon der deutschen Literaturgeschichte*. P. Merker, W. Stammler (Hrsg.), Bd. III. Berlin u.a. 1972, S. 432–456.
Krummacher, Hans-Heinrich: *Das barocke Epicedium. Rhetorische Tradition und deutsche Gelegenheitsdichtung im 17. Jahrhundert*. In: *Jahrbuch der deutschen Schillergesellschaft*, Bd. 18, 1974.
Martial: *Epigramme*. R. v. Helm (Hrsg.), Zürich 1957.
Martin, Alfred von: *Soziologie der Renaissance*. Stuttgart 1932.
Meyfarth, Johann Matthäus: *Teutsche Rhetorica oder Redekunst*. Erich Trunz (Hrsg.), Tübingen 1977.
Oesterreich, Peter L.: *Fundamentalrhetorik. Untersuchung zu Person und Rede in der Öffentlichkeit*. Hamburg 1990

Paleotti, Gabriele: *Discorso intorno alle immagine sacre e profane, divisionin cinque libri.* In: P. Barocchi (Hrsg.): *Trattati d'Arte del Cinquecento.* Bari 1961, Bd. II, S. 117–509.

Platon: *Gorgias.* In: *Sämtliche Werke.* Übers. von F. Schleiermacher. Bd. 1, Hamburg 1957.

– *Phaidros.* In: *Sämtliche Werke.* Übers. von F. Schleiermacher. Bd. 4, Hamburg 1957.

– *Theaitet.* In: *Sämtliche Werke.* Übers. von F. Schleiermacher. Bd. 4, Hamburg 1957.

Plett, Heinrich F.: *Einführung in die rhetorische Textanalyse.* Hamburg 1979.

Pontano, Giovianni Gioviano: *Dialoge.* Übers. von Hermann Kiefer. München 1984.

Protagoras: *Fragment 3.* In: W. Capelle (Hrsg.): *Die Vorsokratiker.* Stuttgart 1968, S. 336.

Pseugo-Longinos: *Vom Erhabenen.* Übers. von Reinhard Brandt. Darmstadt 1966.

Ptassek, Peter: *Rhetorische Rationalität. Stationen einer Verdrängungsgeschichte von der Antike bis zur Neuzeit.* München 1993.

Quintilianus, Marcus Fabius: *Ausbildung des Redners.* Übers. von Helmut Rahn. 2 Bde. Darmstadt 1972 und 1975.

Rabe, Hugo: *Prolegomenon Sylloge.* Leipzig 1931.

Rahn, Helmut: *Bemerkungen zur philosophischen Rhetorik in der Antike.* In: H. Schanze, J. Kopperschmidt (Hrsg.): *Rhetorik und Philosophie.* München 1989. S. 15–22.

Rohr, Julius Bernhard von: *Einleitung zur Ceremoniel-Wissenschafft Der Privat-Personen.* Berlin 1730.

Schöpsdau, Klaus: *Antike Vorstellungen von der Geschichte der Griechischen Rhetorik.* Saarbrücken 1960.

Schottlaender, Rudolf: *Synopsis. Zu Grundbegriffen aus Philosophie, Politik und Literatur von der Antike bis zur Gegenwart.* Würzburg 1988.

Tzetzes, Johannes J.: *Historiarum variarum chiliades.* T. Kiessling (Hrsg.), Nachdr. Darmstadt 1963.

Ueding, Gert, B. Steinbrink: *Grundriß der Rhetorik.* 3. Aufl. Stuttgart 1994.

Ueding, Gert (Hrsg.): *Historisches Wörterbuch der Rhetorik.* Bd. 1f. 1992f.

Wiedemann, C.: *Johann Klay und seine Redeoratorien. Untersuchungen zur Dichtung eines deutschen Barockmanieristen.* Nürnberg 1966.

Personenregister

Agricola, R. 101
Alberti, L. B. 106, 116
Alewyn, R. 117
Ambrosius 90
Anaximenes aus Lampsakos 29, 37
Appius Claudius Caecus 38
Aristoteles 11, 12, 14, 16, 21, 29–37, 42, 44, 49, 55, 56, 76, 79, 80, 81, 83, 84, 85
Augustinus, A. 90, 91–93, 94

Bacon, R. 80
Barner, W. 108
Benjamin, W. 116
Bloch, E. 25, 47
Boccaccio, G. 104, 105
Boethius, A. M. S. 98
Braungart, G. 110, 111, 112
Broch, H. 87
Bruni, L. 102, 105
Burckhardt, C. J. 106

Cassiodor 98
Castiglione, B. 107, 108, 109
Cato der Ältere (eigtl. Cato, M. P.) 38, 49
Cicero 11, 12, 16, 23, 38, 39, 41–46, 49, 50, 54, 56, 64, 72, 75, 76, 83, 84, 85, 90, 91, 92, 93, 98, 101, 103, 109, 116
Clark, L. 47
Crassus, L. L. 38, 43
Cyprian 91

Dockhorn, K. 75
Dolch, J. 100
Domitian, T. F. 48

Enzensberger, H. M. 87
Erasmus von Rotterdam 102

Freytag, W. 90
Fuhrmann, M. 37, 41, 52, 88

Gadamer, H.-G. 81
Garin, E. 99, 101, 104, 107
Gerhard, P. 115
Goethe, J. W. v. 33
Gomperz, H. 19, 25
Gorgias von Leontinoi 17, 18, 24, 25, 27, 37, 43, 85
Gottsched, J. C. 114
Grassi, E. 86, 105
Gregorios von Nazianz 95
Gryphius, A. 115
Guarino, B. 100

Harsdörffer, G. P. 113
Hegel, G. W. F. 18, 19
Heidegger, M. 18
Hermagoras von Temnos 40
Heuss, A. 14
Hippias aus Elis 83
Hofmannswaldau, C. H. v. 115
Homer 12f 85, 90, 100
Horaz 116, 117
Hugo von St. Viktor 70, 96

Isidor von Sevilla 98
Isokrates 22, 23, 43, 83, 102

Jens, W. 94
Johannes von Salisbury 94
Juvenal 48

Korax 15
Krummacher, F. W. 115

Lactanz 91
Lausberg, H. 53
Leonardo da Vinci 115

Lessing, G. E. 24
Longinos 51–52, 78

Majakowski, W. W. 87
Mann, T. 87
Martial 48
Martianus Capella 96, 98
Martin, A. 107, 108
Melanchthon, P. 113
Meyfarth, J. M. 114
Musil, R. 87

Nietzsche, F. 24

Opitz, Martin 113
Origenes 89

Paleotti, G. 115, 116
Paulus 89
Perikles 43
Petrarca 99, 101
Petronius, A. 48
Phidias 48
Platon 16–18, 21, 22, 24, 26, 27, 28, 30, 32, 35, 79, 84, 86
Plinius der Jüngere (eigtl. Plinius, C. S.) 48
Poe, E. A. 87
Pontano, G. G. 103, 104
Protagoras aus Abdera 16, 18, 20, 21

Quintilian 45, 46–51, 55, 56, 57, 68, 70, 71, 73, 84, 85, 98, 115

Rahn, H. 23, 24
Richard von Thetford 94
Ripa, C. 116
Robert von Basevorn 94
Rohr, J. B. v. 111

Salutati, C. 103, 104
Scaliger, J. C. 113
Scheibe, J. A. 115
Schiller, F. 50
Schöpsdau, K. 17
Schottlaender, R. 43
Seneca der Ältere (eigtl. Seneca, L. A.) 47, 48, 98
Sextus Empiricus 25
Sokrates 17, 18, 22, 23, 26, 37, 43, 46, 75, 79

Tacitus, P. C. 48
Teisias 15, 16, 17
Tertullian 91
Theophrastos 42
Thomas von Messina 101
Thrasymachos aus Kalchedon 17, 43
Timotheus 89
Tzetzes, J. J. 54

Valla, L. 101, 102
Vergil 78, 98, 100
Vespasian, T. F. 48

Xerxes 47

Sachregister

actio (Handlung) 71, 74, 112
Adressat 28, 39, 55, 65, 69, 72, 74, 75, 81, 82, 99, 104, 112
aemulatio (Überbietung) 51
Affekt 31, 32, 35, 36, 37, 71, 75, 78, 113, 114, 116
Affektenlehre 17, 31, 35, 44, 76, 77, 78, 116
Affekterregung 31, 32, 35, 37, 68, 75, 76, 77, 94, 114
Ähnlichkeit (similitudo) 63
Allegorie 69, 90
Allgemeinbildung 45, 46, 54, 84
Allgemeinplatz (locus communis) 16, 35
ambiguitas (Zweideutigkeit) 40
amplificatio (Steigerung) 73, 74
Anakoluth 68
Analogie 40
Anapher 66
Antike 21, 23, 30, 37, 41, 50, 52, 53–78, 83, 85, 86, 88, 89, 93, 94, 96, 97, 98, 99, 100, 104, 106
Antithese 67
aptum (Angemessenheit) 23, 65, 69, 70, 72, 76, 77, 80, 99, 109, 111, 112
Argument 31, 36, 39, 41, 56, 65, 66, 73, 76, 82, 104
argumentatio (Argumentation, Beweisführung) 15, 28, 29, 30, 31, 33–35, 36, 40, 56, 72, 73, 76, 79
ars (Kunstlehre) 31, 43, 94
artes liberales (Freie Künste) 50, 54, 84, 96, 98, 100
Aufklärung 20, 113
Aufsatzlehre 52
Ausdruck s. elocutio
Ausruf (exclamatio) 68

Barbarismus 66
Barock 108, 113, 114, 115, 116, 117
Beratungsrede, politische Rede (genus deliberativum / genos symbouleutikon) 16, 46, 54, 110
Beredsamkeit (Rhetorik als Praxis) 11, 12, 15, 41, 42, 43, 47, 71, 91, 93, 94, 110, 111, 112, 116
Beweis s. a. argumentatio 29, 34, 35, 36, 42, 56, 57–65, 72, 73, 93
Bildung, rhetorische 22–24, 42, 45, 46–51, 54, 81, 106, 109
allgemeine s. Allgemeinbildung
antike 13, 18, 19, 22–24, 25, 37, 42, 43, 52, 54, 69, 84, 100
christliche 91, 95, 110
humanistische 45, 46, 50, 100, 106, 108, 109, 110
brevitas (Kürze) 69, 112
Bürger, Bürgertum, bürgerlich 18, 38, 49, 104, 106, 107

captatio benevolentiae 72
Chiasmus 67
comparatio (Vergleichung) 64
conclusio (Schluß, Schlußfolgerung) 72

decorum s. aptum
Deduktion 31, 34
Definition 63
Deklamation 25, 46, 47, 52
delectare (unterhalten) 75, 76, 92, 114
Deutlichkeit (perspicuitas) 69
Dialektik 28, 31, 34, 36, 84, 95, 96, 100, 101, 113
Dichtkunst (Poetik) 13, 85–87, 113–115

diegesis s. narratio
dispositio (Anordnung) 36, 39, 65–66
docere (belehren) 32, 44, 75, 76, 77, 79, 92, 116
Drei-Stil-Lehre 44, 78, 93, 116

Ekklesia (Versammlung) 15
Ellipse 67
elocutio (Ausdruck) 36, 39, 66, 74, 116
eloquentia (praktische Beredsamkeit) 12, 23, 48, 51, 100, 101, 107
Enkyklios paideia 54, 84
Enthymem, enthymematisch 32, 34, 73
Entscheidung 17, 18, 21, 22, 27, 34, 35, 36, 38, 54, 55, 61, 74, 82, 83
epilogos s. peroratio
Epipher 67
Erbauung 89
Erhabenheit, Erhabenes 42, 51–52, 77, 78, 93
Erkenntnis 21, 31, 34, 36, 37, 42, 75, 80, 82, 83, 96, 98, 102
Erziehung 18, 23, 45, 48, 49, 50, 58, 81, 107, 108
ethos (Charakterdarstellung, Gemütsbewegung) 35–37, 44, 45, 57, 76, 81
Evidenz 68
exemplum (Beispiel) 73
exercitatio (Übung) 42, 43, 46, 52, 83
exordium (Einleitung) 16, 36, 40, 72, 116

Figur (figura) 51, 66–70, 74, 77, 114
grammatische 66
Wort- 66, 67, 114
Gedanken- 67, 74, 114
Figurenlehre 44, 53, 66, 116
Frage 67
Gelegenheitsrede, Fest- und Prunkrede (genus demonstrativum/genos epideiktikon) 17, 54, 111
Gelehrsamkeit 42, 54, 70, 92, 115
Gemination (Verdopplung) 67
Geometrie 32, 54, 79, 83, 84, 96
Gerichtsrede (genus iudiciale/genos dikanikon) 16, 36, 39, 40, 50, 54, 55, 57, 62, 85, 110
Gestik s. a. actio 71, 74, 95
Glaubwürdigkeit 22, 35, 73, 80, 81, 82
Grammatik, grammatisch 38, 54, 84, 91, 96, 100

Hellenismus 37, 38
Homiletik (Predigtlehre) 55, 89, 93–95
Humanismus 45, 46, 50, 98–105, 106, 107, 108, 113, 114
Hyperbel 69

imitatio (Nachahmung) 49, 51, 102
inventio (Erfindung) 36, 39, 41, 44, 55–57, 74, 94, 116
Ironie 68

Konsens (consensus) 22, 54, 56, 69, 73, 82
Kontroversen (controversiae) 22, 47, 48
Kunsttheorie 85–87

latinitas s. Sprachrichtigkeit
Literatur 38, 50, 51, 53, 83, 85, 88, 115
locus s. a. topos 16, 56, 57, 116
a persona 56, 57–61
a re 56, 57, 61–65
Logik 28, 50, 101
logos 20, 23

Manipulation 17, 24, 26
Meinung, Meinungswissen 20, 22, 24, 25, 26, 27, 30–33, 34, 35, 55, 56, 74
memoria (Erinnerung) 39, 70–71
Metapher 68, 69
Metonymmie 68
Mimik 71
minutio (Verringerung) 73
Mitleid 32, 35
Mittelalter 78, 90, 94, 95, 96, 98, 100, 113
Mnemotechnik (Gedächtniskunst) 70–71
movere (überwältigen) 75, 77
Musterrede 15, 16, 37
Mythos, mythisch 13, 14, 20, 24, 47, 90, 96

narratio (Erzählung) 16, 36, 40, 72, 73, 116
Naturanlage (natura) 11, 43, 60

officia oratoris (Aufgaben des Redners) s. a. delectare, docere, movere 53, 93, 116
orator perfectus s. a. Redner, vir bonus 12, 42, 43, 46, 92
oratoria s. Beredsamkeit 12
Ordnung (ordo) 39, 65, 66, 95

Pädagogik, pädagogisch 28, 48, 49, 50, 95, 99, 100, 101, 104, 106, 107
Parallelismus (Gleichstellung) 67
Partei, Parteilichkeit, parteiisch 54, 57, 72, 73
pathos (Leidenschaftserregung) 35–37, 51, 77, 104
peroratio (Schluß) 16, 36, 40, 72, 74, 77, 116
Persuasion, persuasiv 72, 74, 94, 105, 115
Philologie 96, 99
Philosophie 17, 20–22, 23, 24, 26, 28, 32, 34, 37, 41–46, 50, 54, 75, 83, 85, 86, 87, 96, 98–106
pisteis s. argumentatio
Poesie (Dichtung) 100, 105, 113, 116
Polyptoton 67
Praxis 12, 13, 15, 20, 23, 27, 32, 38, 46, 50, 82, 85
Predigt (genus praedicandi) 55, 89, 93–95, 98, 110
probatio (Nachweis) 73
pronuntiatio (Vortrag) s. a. actio 36, 39, 44, 71–72, 74
prooimium s. exordium
Propaganda 17, 76
Psychagogie 28, 30, 44
Publikum 25, 39, 55, 69, 70, 72, 74, 75, 76, 77, 94, 113, 114, 115

Quadrivium s. a. artes liberales 54, 96, 97, 100

ratiocinatio s. a. Enthymem 40, 73
Rede (oratio) 101
  Erfindung s. inventio
  Erinnerung s. memoria
  Formulierung s. elocutio
  Gliederung s. dispositio
  Vortrag s. actio, pronuntiatio
  Wirkung s. delectare, docere, movere
Redegattungen (genera causarum) 36, 44, 54–55, 81, 93, 110
Redegegenstand (materia) 45, 55
  ansprechender (genus honestum) 55
  belangloser (genus humile) 55, 76
  überraschender (genus admirabile) 55, 72
  unverständlicher (genus obscurum) 55
  zweifelhafter (genus anceps) 55

Redekunst (ars oratoria) s. a. Beredsamkeit 12, 13, 26, 27, 36, 38, 45, 73
Redeschmuck (ornatus) 12, 50, 68, 69, 78, 112
Redesituation 95, 109
Redeteile (partes orationis) s. a. argumentatio, exordium, narratio, peroratio 29, 36, 44, 56, 65, 72–74, 77, 95, 116
Redner (orator) s. a. orator perfectus, vir bonus 26, 27, 28, 35, 36, 42, 44, 45, 46–51, 52, 54, 55, 56, 71, 73, 76, 81, 84, 92, 93, 94, 110, 113
refutatio (Widerlegung) 73
Renaissance 45, 98, 101, 106, 115
Rhetorik s. a. Beredsamkeit, Redekunst 11–17, 95–97, 101–105
rota Vergilii 78

Schwulst s. a. Stilebene 78, 115
Soloezismus 66
Sophistik, sophistisch 13, 18–20, 23, 24, 25, 26, 27, 29, 30, 32, 37, 83, 85
Sprachrichtigkeit (puritas) 69
status 40
Statuslehre 40, 41, 86
Stilart (genus dicendi, genus elocutionis) 42, 44, 78, 93
  hoher oder erhabener (genus grande) 42, 77, 78, 93
  mittlerer (genus medium) 42, 44, 45, 77, 78
  niederer (genus honestum) 44, 55
Stilebene 93
  asianische (schwülstige) 47
  attische (einfache) 47
Stillehre s. a. Drei-Stil-Lehre 42, 44, 45
studia humanitatis 98–101
Suasorien (suasoriae) 46, 47
Syllogismus, syllogistisch 34

tertium comparationis 67
Theologie 90, 95, 100, 106
Topik s. a. topos 33–35, 36, 51, 56, 73, 79–83, 101
topos 30, 35, 49, 80, 82, 107
Trivium s. a. artes liberales 54, 96, 100

Übergang (transitus) 72
urbanitas 109

Vergleich 67
Vernunft 20, 37, 76, 106
Verstand 39, 76, 77
Vertretbarkeitsgrad 25
vir bonus s. a. orator perfectus 45, 49, 57, 76, 109, 110
virtutes elocutionis (Tugenden des Ausdrucks) 69

Wahrheit, Wahres 13, 19, 20, 21, 24, 26, 30, 32, 69, 75, 79, 80, 92, 93, 96, 101, 102, 105, 108, 109
Wahrscheinlichkeit 16, 21, 26, 28, 30, 33, 34, 69, 80, 82, 101, 108
Weisheit (sapientia) 18, 41, 70, 92, 101
Wissenschaft 18, 31, 32, 46, 54, 75, 84, 95–97

Zeichen (signum) 73, 90
Zeugma 67